新学習指導要領対応

学校でも、家庭でも
教科書レベルの力がつく！

読解習熟プリント 小学3年生

小山 修治郎 著

これなら
できた！

清風堂書店

はじめに

読解が苦手な子どもは、文章を読むことが苦手という場合がほとんどです。そこで本書は、「なんだか面白そう」「ちょっと読んでみよう」と思える内容を目指しました。

もし一回読んで悩んでいるようでしたら、もう一度文章を読んでみるよう声をかけてあげてください。答えのほとんどは、その中にあります。読むことがゴールへの近道なのです。

各学年で特に重要な項目は、低学年は「だれが」「どうした」という文の組み立ての基本。中学年は「つなぎ言葉」「こそあど言葉」など、文と文の関係や、段落の役割。高学年は「理由」「要約・主張」など、文章全体をとらえることです。

これらの項目の内容が無理なく身につくよう、易しい基礎問題から始め、つまずきやすいポイントは解説つきにしています。また、「読解に自信がある」という人も、まとめ問題でさらに自信を深めていけるようにしました。

本書が活用され、読解問題に楽しんで取り組む子どもが増えていくことを願います。

★改訂で、さらにわかりやすく・使いやすくなりました！

変わらない特長

- ○通常より細かなスモールステップで「わかる」！
- ○大事なところはくり返し練習で「わかる」「できる」！
- ○教科書レベルの力が身につく！

新しい特長

- ○学習項目ごとに、チェック→ワーク→おさらいの「3ステップ」。読解力の土台をつくる！
- ○より実践的な「まとめ問題」で応用力がつく！
- ○答えに「ワンポイントアドバイス」つき
- ○読みやすくわかりやすい「太めの手書き風文字」

使い方

タイトルの学習項目の内容を中心に出題しています。

チェック

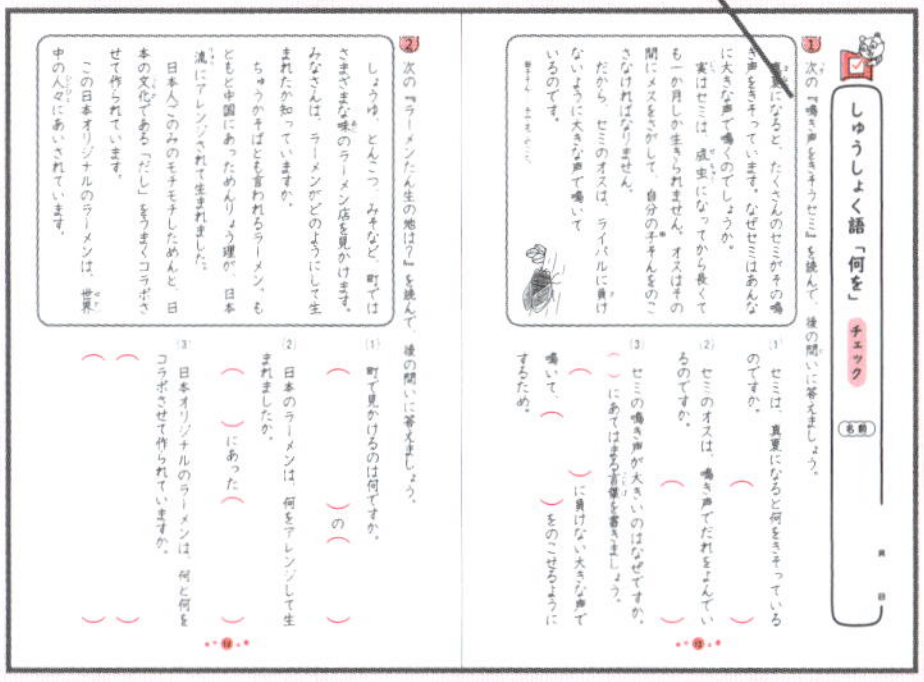

まずはうでだめし。問題を解いてみることで、自分の力をチェックできます。

ワーク

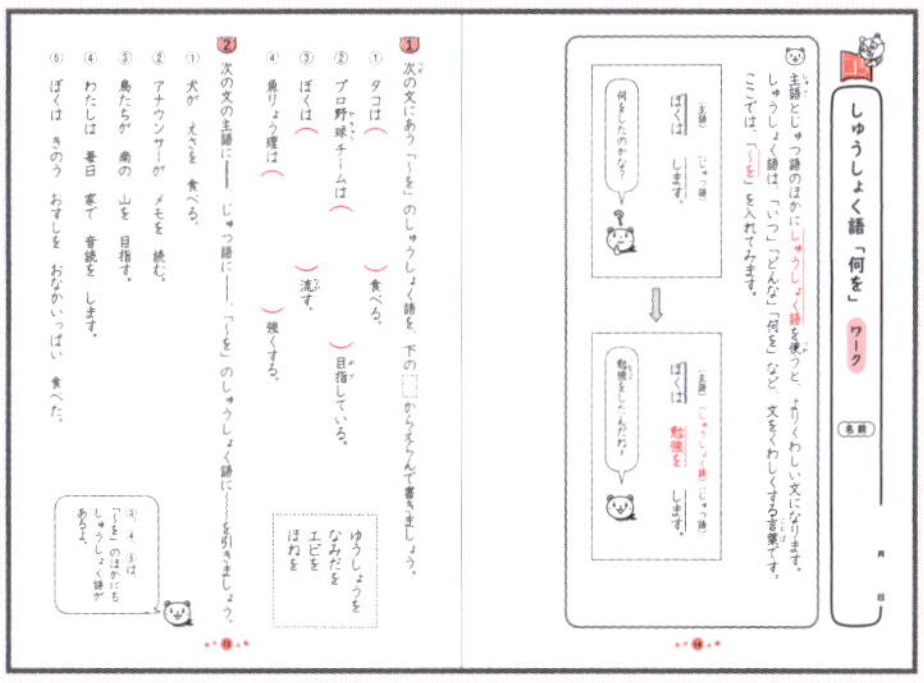

ワークの練習問題や解説で、理解が深まります。

おさらい

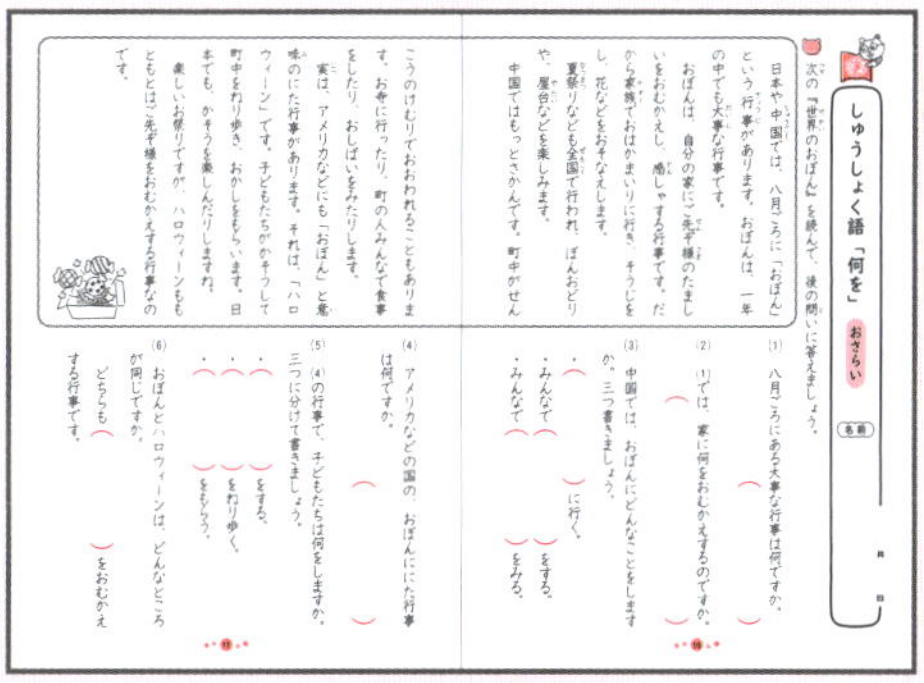

おさらいで、学んだ項目のしあげができます。

3ステップをくりかえすことで、読解力の基礎が身につく！

まとめ問題

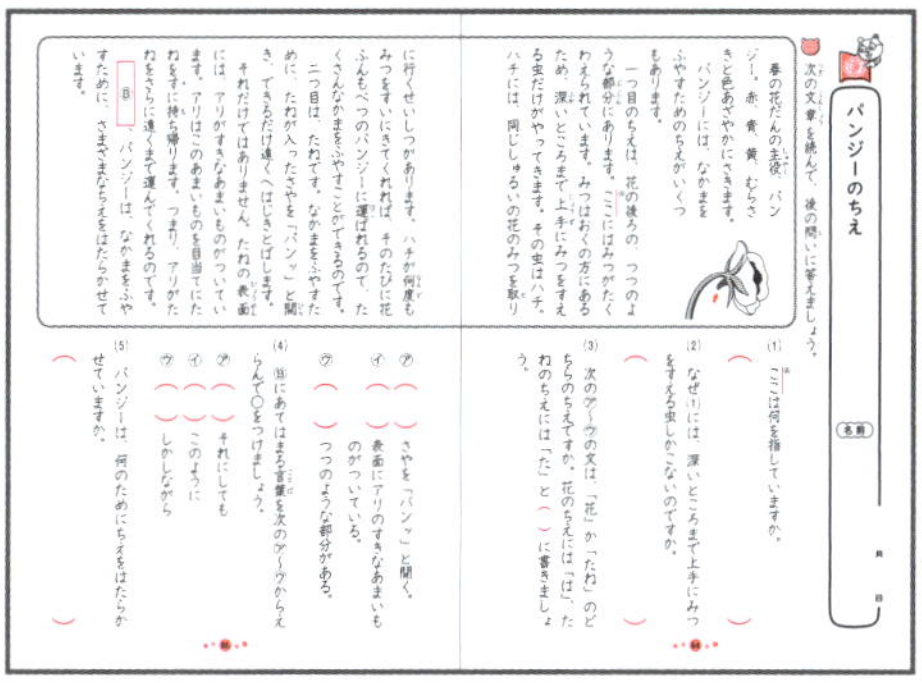

まとめ問題でさらに実践力がつきます。

取り外せる別冊解答は、ワンポイントアドバイスつき！

読解習熟プリント三年生　もくじ

きそ問題

主語・じゅつ語

しゅうしょく語「何を」

しゅうしょく語「いつ」「だれと」「どこで」「どんな」

しゅうしょく語「気持ち」や「ようす」を表す言葉

文の組み立て

一文をまとめる

だん落をまとめる

まとめ問題

主語・じゅつ語 チェック

名前

月　日

1 次《つぎ》の『チーターの速《はや》さのひみつ』を読んで、後の問《と》いに答えましょう。

チーターは、なぜ速く走れるのか。ひみつは体のつくりにある。

まず、体の長さに対《たい》して体重《たいじゅう》が軽《かる》い上に、細くて長いあしを持《も》っている。一歩が大きいので、どんどん前に進《すす》む。

また、つめはつねに外に出ていて、スパイクのように地面《じめん》を強くとらえる役《やく》わりをしている。やわらかいせぼねは、全身《ぜんしん》をバネのようにして走るのに役立っている。

チーターの体のつくりには、速く走れるひみつがいっぱいなのだ。

(1) 何の速く走れるひみつについて書かれていますか。

（　　　　）

(2) 体の長さに対して体重はどうですか。

（　　　　）

(3) チーターが速く走れるひみつをまとめると何ですか。

2 次の『のこさず食べよう』を読んで、後の問いに答えましょう。

みなさんはきゅう食をのこさず食べていますか。日本では、まだ食べられる食べ物《もの》が、毎日たくさんすてられています。コンビニなどでは、時間がすぎると、自動《じどう》てきにすてられるべんとうやおかずがたくさんあります。家庭《かてい》でも、買いだめしておいた食りょうが、古くなってすてられることも多いのです。

日本国内や世界《せかい》には、食べ物がなくてこまっている人がたくさんいます。だから、毎日の食べ物を大切にしたいですね。

(1) 日本で毎日たくさんすてられているものは何ですか。

（　　　　）

(2) コンビニなどですてられているものは何ですか。

（　　　　）

(3) 家庭で古くなってすてられるものは何ですか。

（　　　　）

主語・じゅつ語

ワーク

名前

月　日

どうする型《がた》……人や物《もの》が動《うご》くようすを表《あらわ》します。

主語《しゅご》 ― じゅつ語

犬が ― 走る。

ぼくは ― 考える。

妹も ― 走る。

1 次《つぎ》の文の主語に═、じゅつ語に―を引きましょう。

① ゆめさんは　一りん車で　遊《あそ》ぶ。

② かずきさんは　図かんで　調《しら》べる。

③ 真《ま》っ赤《か》な　夕日が　しずむ。

④ ぼくは　サッカーの　練習《れんしゅう》を　する。

じゅつ語から さがすと見つけやすいよ！

何だ（どんなだ）型……人や物の名前や、ようすを表します。

主語
じゅつ語

兄は サッカーせん手だ。

まんがは おもしろい。

あの木に カブトムシが いる。

2 次の文の主語に═、じゅつ語に──を引きましょう。

① アリは とても 小さい。

② 父は 学校の 先生です。

③ 公園の 池には コイが たくさん いる。

④ 明日の きゅう食は カレーライスだ。

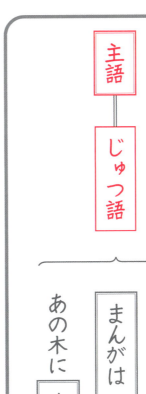

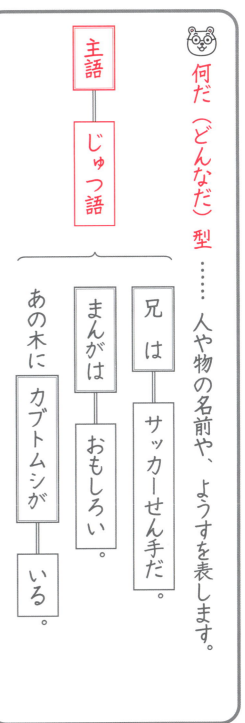

主語・じゅつ語

おさらい

名前

月　日

次《つぎ》の『クモの糸は二しゅるいある！』を読んで、後の問《と》いに答えましょう。

㋐クモは細い糸のすをはって、えものをとらえます。実《じつ》はこの糸、なかなかすぐれたしくみを持《も》っています。

クモのすは、中心から外に向《む》けて出ているたて糸と、うずまきじょうの横糸《よこいと》からできています。そのうち、ねばるのは横糸です。横糸を虫めがねで見ると、糸の上に小㋑さなつぶがたくさんついています。このつぶがねばねばしたえき体でできているのです。このねばねばしたえき体が体につくと、とらえたえものは動《うご》けなくなります。

(1)　㋐の文の主語《しゅご》とじゅつ語を書きましょう。

主語　（　　　　）

じゅつ語　（　　　　）

(2)　次のとくちょうは、たて糸と横糸のどちらですか。

中心から外に向けて出ている…（　　　　）

うずまきじょう……………（　　　　）

このようにして、クモは虫をとらえているのです。

　でも、クモの体にねばねばしたえき体がつくと、動けなくなってしまいそうです。だいじょうぶ、そんなことはありません。体の表面《ひょうめん》やあしから油《あぶら》のようなものを出して、ねばねばしたえき体にくっつかないようになっているのです。

　このようなすぐれたしくみをいかして、クモは上手《じょうず》にえものをとらえているのです。

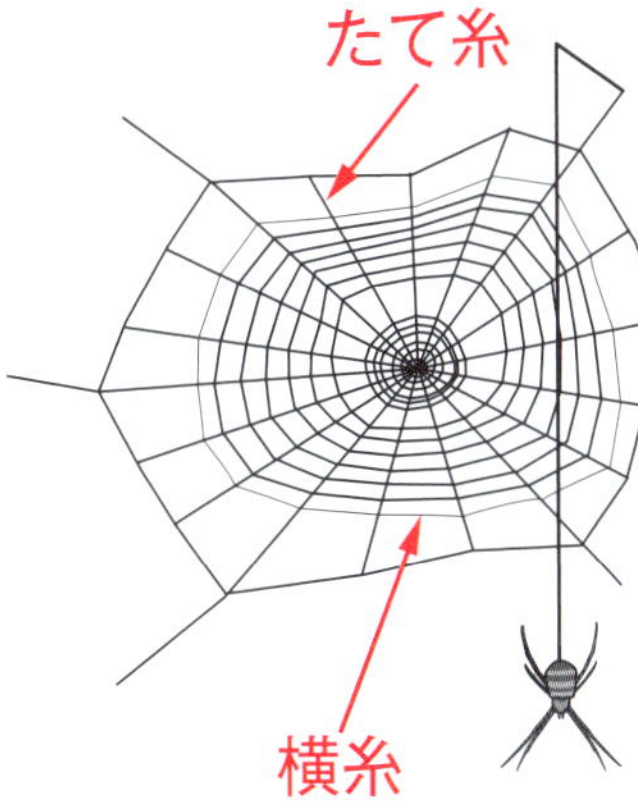

(3) ㋑は、何でできていますか。
（　　　　）

(4) (3)が体につくと、えものはどうなりますか。
（　　　　）

(5) クモがすの上で横糸につかずに動けるのはなぜですか。（　）にあてはまる言葉《ことば》を書きましょう。
体の表面や（　　　　）から（　　　　）を出すことで、ねばねばしたえき体に（　　　　）ようになっているからです。

しゅうしょく語「何を」チェック

名前

月　日

1 次《つぎ》の『鳴き声をきそうセミ』を読んで、後の問《と》いに答えましょう。

真夏《まなつ》になると、たくさんのセミがその鳴き声をきそっています。なぜセミはあんなに大きな声で鳴くのでしょうか。

実《じつ》はセミは、成虫《せいちゅう》になってから長くても一か月しか生きられません。オスはその間にメスをさがして、自分の子そん※をのこさなければなりません。

だから、セミのオスは、ライバルに負《ま》けないように大きな声で鳴いているのです。

※子そん……子やまごのこと。

(1) セミは、真夏になると何をきそっているのですか。

（　　　　　）

(2) セミのオスは、鳴き声でだれをよんでいるのですか。

（　　　　　）

(3) セミの鳴き声が大きいのはなぜですか。（　）にあてはまる言葉《ことば》を書きましょう。

（　　　　　）に負けない大きな声で鳴いて、（　　　　　）をのこせるようにするため。

2 次の『ラーメンたん生の地は？』を読んで、後の問いに答えましょう。

しょうゆ、とんこつ、みそなど、町ではさまざまな味《あじ》のラーメン店を見かけます。みなさんは、ラーメンがどのようにして生まれたか知っていますか。

ちゅうかそばとも言われるラーメン。もともと中国にあっためんりょう理が、日本流《りゅう》にアレンジされて生まれました。

日本人ごのみのモチモチしためんと、日本の文化《ぶんか》である「だし」をうまくコラボさせて作られています。

この日本オリジナルのラーメンは、世界《せかい》中の人々《ひとびと》にあいされています。

(1) 町で見かけるのは何ですか。

（　　）の（　　）

(2) 日本のラーメンは、何をアレンジして生まれましたか。

（　　）にあった（　　）

(3) 日本オリジナルのラーメンは、何と何をコラボさせて作られていますか。

（　　）

（　　）

しゅうしょく語「何を」

ワーク

名前

月　日

主語《しゅご》とじゅつ語のほかにしゅうしょく語を使《つか》うと、よりくわしい文になります。
しゅうしょく語は、「いつ」「どんな」「何を」など、文をくわしくする言葉《ことば》です。
ここでは、「〜を」を入れてみます。

（主語）ぼくは　（じゅつ語）します。

何をしたのかな？

↓

（主語）ぼくは　（しゅうしょく語）勉強を　（じゅつ語）します。

勉強《べんきょう》をしたんだね！

1 次《つぎ》の文にあう「〜を」のしゅうしょく語を、下の[　]からえらんで書きましょう。

① タコは（　　　　）食べる。

② プロ野球《やきゅう》チームは（　　　　）目指《めざ》している。

③ ぼくは（　　　　）流《なが》す。

④ 魚りょう理は（　　　　）強くする。

ゆうしょうを
なみだを
エビを
ほねを

2 次の文の主語に＝＝、じゅつ語に——、「〜を」のしゅうしょく語に〜〜を引きましょう。

① 犬が　えさを　食べる。

② アナウンサーが　メモを　読む。

③ 鳥たちが　南の　山を　目指す。

④ わたしは　毎日　家で　音読を　します。

⑤ ぼくは　きのう　おすしを　おなかいっぱい　食べた。

③、④、⑤は、「〜を」のほかにもしゅうしょく語があるよ。

しゅうしょく語「何を」

おさらい

名前

月　日

次《つぎ》の『世界《せかい》のおぼん』を読んで、後の問《と》いに答えましょう。

日本や中国《ちゅうごく》では、八月ごろに「おぼん」という行事《ぎょうじ》があります。おぼんは、一年の中でも大事《だいじ》な行事です。

おぼんは、自分の家にご先《せん》ぞ様《さま》のたましいをおむかえし、感《かん》しゃする行事です。だから家族《かぞく》でおはかまいりに行き、そうじをし、花などをおそなえします。

夏祭《なつまつ》りなども全国《ぜんこく》で行われ、ぼんおどりや、屋台《やたい》などを楽しみます。

中国ではもっとさかんです。町中がせん

(1) 八月ごろにある大事な行事は何ですか。

（　　　　　　）

(2) (1)では、家に何をおむかえするのですか。

（　　　　　　）

(3) 中国では、おぼんにどんなことをしますか。三つ書きましょう。

・（　　　　　　）に行く。

・みんなで（　　　　　　）をする。

・みんなで（　　　　　　）をみる。

こうのけむりでおおわれることもあります。お寺に行ったり、町の人みんなで食事をしたり、おしばいをみたりします。

実《じつ》は、アメリカなどにも「おぼん」と意《い》味《み》のにた行事があります。それは、「ハロウィーン」です。子どもたちがかそうして町中をねり歩き、おかしをもらいます。日本でも、かそうを楽しんだりしますね。

楽しいお祭りですが、ハロウィーンももともとはご先ぞ様をおむかえする行事なのです。

(4) アメリカなどの国の、おぼんににた行事は何ですか。

（　　　　　　）

(5) (4)の行事で、子どもたちは何をしますか。三つに分けて書きましょう。

・（　　　　　　）をする。

・（　　　　　　）をねり歩く。

・（　　　　　　）をもらう。

(6) おぼんとハロウィーンは、どんなところが同じですか。

どちらも（　　　　　　）をおむかえする行事です。

しゅうしょく語
「いつ」「だれと」「どこで」「どんな」

チェック

名前

月　日

1 次《つぎ》の『おすしのゆらい』を読んで、後の問《と》いに答えましょう。

㋐おすしは、生魚とすしめしを組み合わせた日本を代表《だいひょう》する食べ物《もの》です。けんこうにもよいということで、今では世界中《せかいじゅう》に広まっています。では、なぜ「おすし」というか知っていますか。

すしは「酸《す》し」、つまり「すっぱいもの」という意味《いみ》からきた言葉《ことば》です。

すしはもともと、魚を長い間ほぞんするために作られました。すしは漢字《かんじ》で、「酢《す》」とよくにた「鮓」とも書きます。それは、ほぞんのために発《はっ》こうさせた、すっぱい食べ物だったからなのです。

(1) この文章《ぶんしょう》のテーマは何ですか。

□□□

(2) ㋐の文の主語《しゅご》とじゅつ語を書きましょう。

主語（　　　　）

じゅつ語（　　　　）

(3) おすしはどんな意味からきた言葉ですか。

（　　　　）もの

2 次の『ざしき童子《ぼっこ》のはなし』を読んで、後の問いに答えましょう。

㋐ 明るい昼間、みんなが山にはたらきに出て、子どもが二人、庭《にわ》で遊《あそ》んでおりました。大きな家にはだれもいませんでしたから、そこらはしんとしています。

㋑ ところが、家のどこかのざしきで、ざわっざわっとほうきの音がしたのです。二人の子どもは、おたがいかたにしっかりと手を組み合って、こっそり行ってみましたが、だれもどこにもいませんでした。ざわっざわっとほうきの音だけが聞こえます。

（宮沢 賢治　青空文庫より）

(1) ㋐での子どものようすについて答えましょう。

① 何人いましたか。
（　　　　）

② どこにいましたか。
大きな家の（　　　　）

③ 何をしていましたか。
（　　　　）

(2) ㋑では、家のどこで、どんな音がしましたか。

家のどこかの（　　　　）で、
（　　　　）と（　　　　）の音がした。

しゅうしょく語
「いつ」「だれと」「どこで」「どんな」

ワーク

名前

月　日

長い文には、文をくわしくするしゅうしょく語《ご》がたくさん出てきます。〰〰は、すべてしゅうしょく語です。それぞれ、→の言葉《ことば》をくわしくしています。

（だれの）ぼくの → 弟は

（いつ）あさって　（だれと）友だちと　（どこへ）遊園地《ゆうえんち》へ → 行く。

1 次《つぎ》の□の言葉をくわしくしているしゅうしょく語に〰〰を引きましょう。

① 池には　たくさんの　［メダカ］が　いる。

② お出かけで　よそいきの　［ワンピース］を　着《き》る。

③ 野球《やきゅう》の　［しあい］で　わくわくする。

④ おいしそうな　ナスが　たくさん　［とれた］。

2 次の文を読んで、後の問《と》いに答えましょう。

ぼくは　きのう　自転車《じてんしゃ》で　公園に　行きました。

① ぼくは、㋐いつ　㋑何《なに》で　㋒どこに　行きましたか。

㋐（　　）

㋑（　　）

㋒（　　）

わたしは　五時間目、学校園に　虫を　さがしに　行った。

② わたしは、㋐いつ　㋑どこに　㋒何をしに　行きましたか。

㋐（　　）

㋑（　　）

㋒（　　）

わたしは　昼休みに　みきさんたちと　おにごっこを　しました。

③ わたしは、㋐いつ　㋑だれと　㋒何を　しましたか。

㋐（　　）

㋑（　　）

㋒（　　）

しゅうしょく語
「いつ」「だれと」「どこで」「どんな」

おさらい

名前

月　日

次《つぎ》の『秋の美《うつく》しさ』を読んで、後の問《と》いに答えましょう。

みなさん、秋の木々《きぎ》や草花をかんさつしてみませんか。田にはゆたかに米が実《みの》り、その上をひんやりとした秋風がふきわたり、いなほがサワサワとゆれています。

秋分の日のころには、田のあぜ道に※ヒガンバナがおぎょうぎよくならんでさいています。

もう少し秋が深《ふか》まると、町のがいろじゅや山の木々がだんだん色づいてきます。サクラの葉《は》は赤く、イチョウは黄色く色づき、はらはらとその葉をちらしていきま

(1) 筆者《ひっしゃ》は何をかんさつしたらいいと言っていますか。

（　　　　）

(2) ゆたかに米が実る秋の田は、どんなようすですか。

田の上を（　　　　）とした（　　　　）がふきわたり、（　　　　）が（　　　　）とゆれている。

す。神社《じんじゃ》や公園のクヌギなどの木から、「ぱちっ！」と音を立ててドングリが落《お》ちてくるのもこのころです。

そして、こう葉《よう》のシーズンがやってきます。㋐山一面《いちめん》が真《ま》っ赤《か》にそまります。そのふもとにススキがゆれます。日本のもっとも秋らしい風けいです。秋晴れのすきとおった青空だと、なお美しいです。

そうそう、秋はくだものも出そろいます。なし、くり、りんご、かきなどが秋を感《かん》じさせてくれますね。

※あぜ道……田と田の間の細い道。

(3) サクラやイチョウの葉は、どんなふうにちりますか。

（　　　　）とちる。

(4) ㋐の文の主語《しゅご》、じゅつ語、しゅうしょく語を書きましょう。

主語（　　）

じゅつ語（　　）

しゅうしょく語（　　）

(5) 山のこう葉とススキがさらに美しく見えるのは、どんなときだと書かれていますか。

（　　　　のとき。）

しゅうしょく語
「気持ち」や「ようす」を表す言葉

チェック

名前

月　日

1 次《つぎ》の『ひさしぶりに会える！』を読んで、後の問《と》いに答えましょう。

　今日はいなかから、おじいちゃんとおばあちゃんが来る日です。わたしは朝からわくわくしていました。

　学校が終《お》わると、急《いそ》いで家に帰りました。げんかんに着《つ》くと、心ぞうがドキドキしてきました。ずっと会っていなかったので、きんちょうしてきたのです。いつものやさしい声で、にっこり笑《わら》って「おかえり。」と言ってくれるかな。

　わたしはそっと、ドアを開《あ》けてみました。

(1) わたしは朝からどんな気持《きも》ちでしたか。

（　　　　　）

(2) げんかんについたとき、心ぞうはどんなようすでしたか。

（　　　　　）

(3) ドアをどのように開けましたか。

（　　　　　）

② 次の『台風の日』を読んで、後の問いに答えましょう。

台風がゆっくりと近づいてきました。空が急《きゅう》に暗《くら》くなったと思ったら、ザアーッと雨がふってきました。同時にかみなりが遠くでゴロゴロと鳴りました。

雨はどんどんはげしくなります。かい犬のキキは、かみなりがこわくてブルブルとふるえています。ときどき、「キューン」と鳴いたりします。風がゴーゴーと声を上げ、大きな木がゆさゆさとゆれているのが見えました。

明日の朝には、きれいな青空になっているといいな、と思います。

(1) 空が急に暗くなった後、雨はどのようにふってきましたか。

（　　　　）

(2) かみなりがこわいキキは、どんなようすでしたか。

・（　　　　）とふるえている。
・「（　　　　）」と鳴く。

(3) 台風の風と、木のようすを表《あらわ》している言《こと》葉《ば》を書きましょう。

① 風（　　　　）
② 木（　　　　）

しゅうしょく語

「気持ち」や「ようす」を表す言葉

ワーク

名前

月　日

しゅうしょく語《ご》には、気持《きも》ちやようすを表《あらわ》す言葉《ことば》もあります。

台風で　まどが　ガタガタ　ゆれて、**わたしは**（主語《しゅご》）　ビクッと　**しました。**（じゅつ語）

ガタガタは音だね。

1 次《つぎ》の□の言葉をくわしくしている言葉を（　）に書きましょう。

① 店に　たくさんの　**ケーキ**が　ならんでいる。　（たくさんの）

② とつぜん　有名《ゆうめい》な　**タレント**が　あらわれた。　（　　）

③ 春の　野原で　かわいい　**ツクシ**を　見つけた。　（　　）

④ ふたごの　**パンダ**が　じゃれ合っている。　（　　）

⑤ ふわふわの　**ソフトクリーム**は　見るからに　おいしそうだ。　（　　）

2 次の□の言葉をくわしくしている言葉を（　）に書きましょう。

① 春の　風が、そよそよ　ふく。
（　　　）

② 大きな　クマが　とつぜん　あらわれた。
（　　　）

③ 秋の　空に　まん月《げつ》が　ゆっくりと　上《のぼ》ってくる。
（　　　）

④ くやしくて　なきそうだったが　ぐっと　がまんした。
（　　　）

⑤ 新幹線《しんかんせん》　のぞみ号《ごう》が　あっという間に　通《つう》かした。
（　　　）

3 次の（　）にあてはまるしゅうしょく語を□からえらんで書きましょう。

① サクラの花びらが、（　　　）ちる。

② おにぎりを見て、おなかが（　　　）鳴る。

③ すずしく（　　　）風が入ってきた。

④ 秋の虫が（　　　）鳴いている。

さわやかな
ひらひらと
にぎやかに
グウと

しゅうしょく語
「気持ち」や「ようす」を表す言葉

おさらい

名前

月　日

次《つぎ》の『おならのふしぎ』を読んで、後の問《と》いに答えましょう。

出るとはずかしいおなら。「ブオー」と大きな音で出ることもあれば、「プスー」と小さな音で出ることもある。なぜ出るたびに音がちがうのだろうか。

もともとおならは、ほとんどが口から飲《の》みこんだ空気だ。この空気、何かを食べたり、水を飲みこんだりすると、しぜんに入ってくる。

体に入ってきた空気のほとんどは、はく息《いき》やゲップで出ていくが、のこったものはおなかの中に入っていく。それが、おなか

(1) 筆者《ひっしゃ》がふしぎに思っていることは何ですか。（　）に言葉《ことば》を書きましょう。

おならの（　　　　）は、なぜ出るたびにちがうのか。

(2) おならの音のちがいについて書きましょう。

（　　　　）と大きな音で出たり、

（　　　　）と小さな音で出たりする。

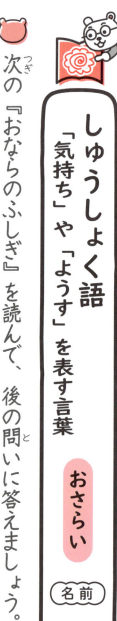

の中を通りぬけて、やがておならとなって出ていくのだ。その空気が出るいきおいやりょうのちがいによって、おならの音の大きさや高さもかわるのである。

㋐けんこうな人でも、一日十回くらい出るそうだ。でも、あまりたくさん出る人は、食事《しょくじ》の仕方《しかた》や内ようを見直してみよう。

おならの回数をへらすには、できるだけおなかの中に空気が入らないように、よくかんで、ゆっくり食べるのがいいと言われている。また、海そうやバナナ、きのこなどもおなかの調子《ちょうし》をととのえてくれるのでおすすめだ。けんこうのためにもよいので、ぜひ気をつけてみよう。

(3) もともとは、おならは何だと書かれていますか。
ほとんどは、（　　　　）から飲みこんだ（　　　　）。

(4) ㋐の文の主語《しゅご》はしょうりゃくされています。主語とじゅつ語は何ですか。文中からさがして書きましょう。
主語（　　　　は）
じゅつ語（　　　　）

(5) おならの回数をへらすための食べ方が書いてあるところに〰〰を引きましょう。

文の組み立て

チェック

名前

月　日

1 次《つぎ》の『グミでほねがじょうぶに？』を読んで、㋐～㋒の文の主語《しゅご》とじゅつ語を書きましょう。

㋐グミは、ゼラチンを使《つか》ってくだもののしるなどをかためたおかしです。アメやガムとはちがう、グミならではのかみごたえと味《あじ》で、大人《おとな》にも人気です。

㋑グミという名前は、ドイツ語で「ゴム」を意味《いみ》する言葉《ことば》から名づけられました。

もともとこのおかしは、かむ力が弱いドイツの子どもたちのために作られました。わざとかためて作って、たくさんかむひつようのあるおかしにしたのです。

㋒コラーゲンたっぷりのグミは、ほねの発《はっ》たつにもよいのです。

㋐ （　　　）―（おかしです）。

㋑ （名前は）―（　　　）。

㋒ （グミは）―（　　　）。

2 次の『おむすびころりん』を読んで、㋐〜㋒の文の主語を□、じゅつ語を□、しゅうしょく語を□に書きましょう。

むかしむかし、あるところに、心のやさしいふうふが住《す》んでいました。

ある日、㋐おじいさんはしばかりに行きました。

「ふう。ここらでひと休みするか。」

㋑少しつかれたおじいさんは、切りかぶにすわりました。そして、おばあさんが作ってくれたおむすびのつつみを開《あ》けました。

すると、つつみを開けたとたん、おむすびがコロコロ転《ころ》がり始《はじ》めました。㋒おむすびは、あなの中に落《お》ちてしまいました。

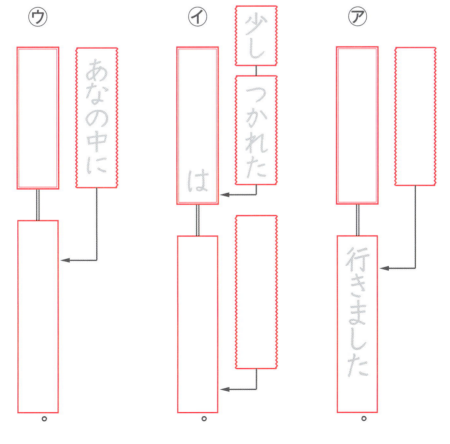

㋐

□ □ 行きました。

㋑

少し つかれた □は □ □。

㋒

あなの中に □ □。

文の組み立て

ワーク

名前

月　日

文は、主語《しゅご》とじゅつ語としゅうしょく語でできています。主語とじゅつ語をとらえると、話題《わだい》が何かを大まかにとらえることができます。

今日　食べた　チーズケーキは、ほどよい　あまさで　おいしかった。

（主語）チーズケーキは ― （じゅつ語）おいしかった。

チーズケーキがおいしかった話をしているんだね。

1 次《つぎ》の文の主語を□、じゅつ語を□に書きましょう。

① 今年の　夏は　とても　暑《あつ》い。

□―□。

② あの　たて物《もの》は　町の　図書館《としょかん》だ。

□―□。

③ 中庭《なかにわ》の　池に　カメが　三びき　いる。

□―□。

しゅうしょく語がいくつかある文も、図にすると、どの言葉《ことば》がどの言葉をくわしくしているかがよくわかります。

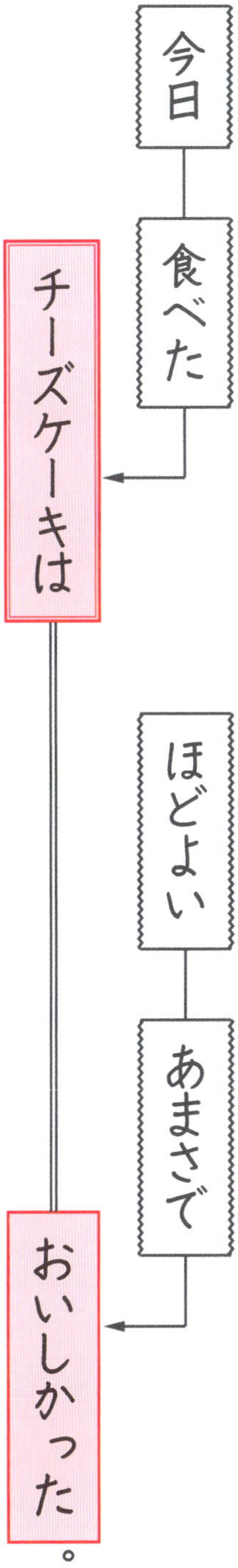
今日
食べた
チーズケーキは
ほどよい
あまさで
おいしかった
。

2 次の文の主語を□、じゅつ語を□、しゅうしょく語を□に書きましょう。

① 大きな　犬が　野原を　かけまわる。

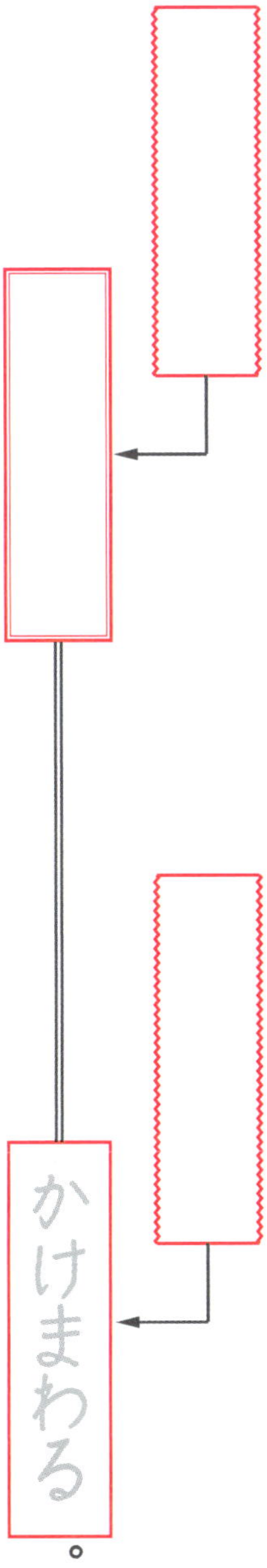
かけまわる
。

② ゆかさんは、今　話題《わだい》の　えいがに　行く。

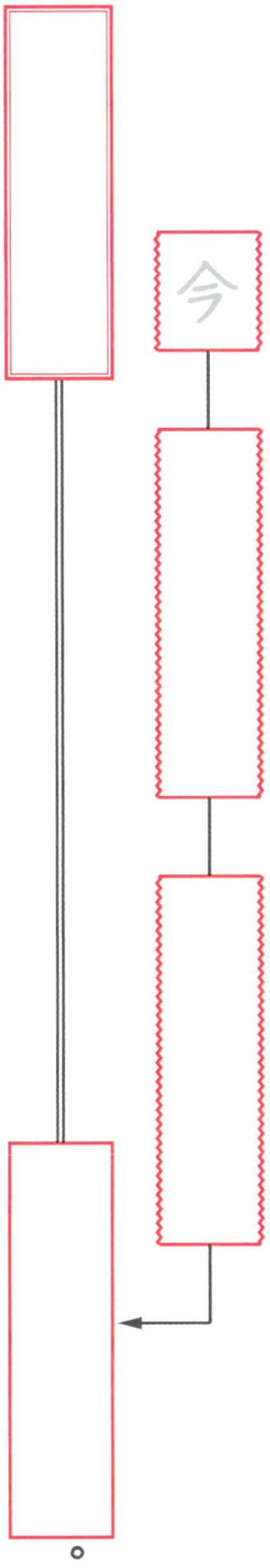
今
。

文の組み立て

おさらい

名前

月　日

次《つぎ》の『セロひきのゴーシュ』を読んで、後の問《と》いに答えましょう。

するとたぬきの子は、ぼうをもってセロ※1のコマの下のところをひょうしをとってぽんぽんたたきはじめました。それがなかなかうまいので、ひいているうちにゴーシュはⒶこれはおもしろいぞと思いました。

おしまいまでひいてしまうと、たぬきの子はしばらく首をまげて考えました。

Ⓑそれからやっと考えついたというように言いました。

「ゴーシュさんはこの二番目の糸をひくと

(1) Ⓐについて、次の問いに答えましょう。

① だれが思ったのですか。

（　　　　）

② 何を見て思ったのですか。

（　　　　）が、セロのコマの下のところをぼうでたたくようす。

(2) Ⓑについて、次の問いに答えましょう。

① 「やっと考えついたというように」と同じような、よく考えていたことがわかるところに〰〰を引きましょう。

きは、きたいに※2おくれるねえ。なんだか
ぼくがつまずくようになるよ。」

ゴーシュははっとしました。たしかにその糸は、どんなに手早くひいても、すこしたってからでないと音が出ないような気がゆうべからしていたのでした。

「いや、そうかもしれない。このセロは悪《わる》いんだよ。」

とゴーシュは悲《かな》しそうに言いました。

※1 セロ……バイオリンを大きくしたような形のがっき。チェロとも言う。
※2 きたいに……ふしぎに。

（宮沢 賢治 青空文庫より）

② Ⓑの文には主語《しゅご》がありません。主語を入れるなら、次のうちどれがあてはまりますか。〇をつけましょう。

㋐（　）ゴーシュさんは
㋑（　）セロは
㋒（　）たぬきの子は

(3) ゴーシュがはっとしたのはなぜですか。（　）にあてはまる言葉《ことば》を書きましょう。

その糸は、どんなに（　　　　）ひいても、すこしたってからでないと（　　　　）ような気が（　　　　）からしていたから。

こそあど言葉 ①

チェック

名前

月　日

1 次《つぎ》の『公園遊《あそ》び』を読んで、後の問《と》いに答えましょう。

　きのう、家族《かぞく》で公園に行きました。わたしはさかあがりの練習《れんしゅう》をしていました。

　すると弟が、

「Ⓐあそこの木まできょうそうしよう！」

と言いました。わたしはお姉さんなので、大また一歩分後ろからスタートすることにしました。用意《ようい》、ドン！弟はけっこう速《はや》いので、わたしも本気です。あと少しでぬかせそう、Ⓑそう思ったとき、わたしはこけてしまいました。お母さんが、

「こっちへおいで。水であらおうか。」

と言ってくれました。少しいたかったですが、また公園に行きたいです。

(1) いつ、どこへ行ったときの話ですか。

（　　）《いつ》、（　　）《どこ》へ行ったときの話。

(2) Ⓐとありますが、木はどこにありますか。正しいものに○をつけましょう。

㋐（　）弟のすぐ近く

㋑（　）わたしのすぐ近く

㋒（　）弟からもわたしからも遠い

(3) Ⓑとありますが、どのように思ったのですか。思ったことが書かれているところに〰〰を引きましょう。

2 次の『赤いくつ』を読んで、後の問いに答えましょう。

あるところに、小さい女の子がいました。その子はとてもきれいなかわいらしい子でしたが、びんぼうだったので、夏のうちははだしで歩き、冬はあつぼったい木のくつをはきました。

〈中略《ちゅうりゃく》〉

村の中ほどに、年よりのくつ屋《や》のおかみさんが住《す》んでいました。㋐そのおかみさんは、せっせと赤いぬので小さなくつをこしらえました。㋑それは、かっこうのわるいものでしたが、心のこもった品《しな》で、㋒その女の子にあげることになっていました。その女の子の名はカレンといいました。

（アンデルセン 作 楠山 正雄 やく 青空文庫より）

(1) ㋐そのおかみさんは、どんなおかみさんですか。

（　　　）に住む、（　　　）の（　　　）のおかみさん。

(2) ㋑それは何を指《さ》していますか。

□□□□□

(3) ㋒その女の子の名前を書きましょう。

（　　　）

こそあど言葉 ①

ワーク

名前

月　日

「こそあど言葉《ことば》」は、「ものごと」「場所《ばしょ》」「方向《ほうこう》」「ようす」などを指《さ》すはたらきをします。

あの本をとってくれる。
②
どの本かな。
③
この本でいい。
グリム
④
その本だよ。ありがとう。
グリム

	こ	そ	あ	ど
ものごと	これ この	それ その	あれ あの	どれ どの
場所	ここ	そこ	あそこ	どこ
方向	こちら こっち	そちら そっち	あちら あっち	どちら どっち
ようす	こんな こう	そんな そう	あんな ああ	どんな どう

こ→話し手の近くにあるものを指す。
そ→聞き手の近くにあるものを指す。
あ→話し手からも聞き手からも遠くにあるものを指す。
ど→はっきりしない。

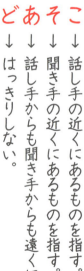

次《つぎ》の絵を見て、（　）にあてはまるこそあど言葉を□からえらんで書きましょう。（同じ言葉は二回使《つか》いません。）

①

（　　　）が地球《ちきゅう》だよ。

②

（　　　）は何の本かな。

③

（　　　）は夕食のおかずです。

④

（　　　）がさなぎですか。

⑤

（　　　）はずではなかった。リレーでこけた。

⑥

（　　　）鳥はコウノトリだ。

これ　それ　あれ　どれ　あの　こんな

こそあど言葉 ①

おさらい

名前

月　日

次《つぎ》の『コウノトリ』を読んで、後の問《と》いに答えましょう。

「幸《しあわ》せを運《はこ》ぶ鳥」ともいわれるコウノトリ。日本では、数十年前に一度《いちど》ぜつめつして0羽になりました。しかし、ふたたび野生に生き返《かえ》りつつあります。㋐それは、兵《ひょう》庫県《ごけん》の但馬《たじま》地方の人たちのど力のけっかでした。

もともとコウノトリは、日本全国《ぜんこく》の田んぼや川にくらす鳥でした。しかし、田んぼにたくさん農薬《のうやく》をまいたり、川をうめ立てたりしたことですむ場所《ばしょ》がなくなり、㋑その数はへってしまいました。

そこで、ロシアからおくられたコウノト

(1) ㋐それは何を指《さ》していますか。

（　　　　）がふたたび（　　　　）に生き返りつつあること。

(2) コウノトリは、もともとどこでくらしていましたか。

（　　　　）の（　　　　）や（　　　　）。

(3) ㋑その数は何の数を指していますか。

（　　　　）

りを大事《だいじ》に育《そだ》て、たまごをうむためのす作りなどの手助《てだす》けをするようにしました。
　また、農薬を使《つか》わないようにすれば、小魚やカエル、バッタなどがたくさんすむ田んぼにもどります。㋒それらはコウノトリのエサになるのです。農家の人たちは、どうすれば農薬を使わずにお米を育てられるか、ちえを出し合いました。かんたんなことではありませんでしたが、たくさんの農家が「コウノトリのためなら」ときょう力しました。そんながんばりにより、コウノトリがすみやすい、ゆたかな自ぜんへとかわっていったのです。
　育ったコウノトリは野生に放《はな》し、このごろでは、二百羽をこえるコウノトリが日本中の空をまっています。

(4) 但馬地方の人たちがコウノトリのためにしたことを二つ書きましょう。

・コウノトリが（　　　）をうむための（　　　）などの手助け。

・（　　　）を使わない米作り。

(5) ㋒それらは何を指していますか。三つ書きましょう。

（　　　）

（　　　）

（　　　）

こそあど言葉 ②

チェック

名前

月　日

1 次《つぎ》の『動物《どうぶつ》を食べる植物《しょくぶつ》?』を読んで、後の問《と》いに答えましょう。

「動物を食べる植物」。そんなの、いるわけないよという声が聞こえてきそうだが、動物を食べる植物は本当にいる。動物といっても、食べるのは主《おも》にハエやかなどの小さな虫だが、ときにはカエルも食べる。㋐それらを食虫《しょくちゅう》植物という。

とくに有名《ゆうめい》なのがウツボカズラだ。つるの先には、虫などをつかまえるふくろがある。㋑そのふくろの入り口はとてもすべりやすくなっていて、虫が近づくとすいこまれるようにふくろの中に落《お》ちる。そして、ふくろの中のえき体でとかされてしまうのだ。

(1) ㋐それらとは何ですか。

□□を食べる□□

(2) (1)が食べるものを三つ書きましょう。

（　　）（　　）（　　）

(3) ㋑そのふくろとは、どんなふくろを指《さ》していますか。

（　　）などを（　　）ふくろ

2 次の『お年玉ってなあに？』を読んで、後の問いに答えましょう。

お正月の楽しみでもあるお年玉。実《じつ》は、お年玉の「年」は年神様《としがみさま》、「玉」はたましいという意味《いみ》があるのを知っていますか。

もともとお正月は、家族《かぞく》を見守《みまも》る「年神様」が来てくれるおいわいでした。㋐その神様からたましいを分けてもらうと、一年間幸《しあわ》せにすごせると考えられていたのです。

昔《むかし》は、たましいがかがみもちに宿《やど》ると言われていて、㋑そのおもちを家族で分けて食べていました。それがほかのおくりものやお金にかわっていき、今の「お年玉」になったと言われています。

(1) ㋐その神様とは何を指していますか。

（　　　　　）

(2) (1)の神様は、どんな神様ですか。

（　　　　　）を見守る神様

(3) ㋑そのおもちとは、何を指していますか。

（　　　　　）

こそあど言葉　②　ワーク

名前

月　日

1　次《つぎ》のこそあど言葉《ことば》は、どんなときに使《つか》われますか。あうものを――でむすびましょう。

①　ここ　そこ　あそこ　どこ　・　　・　方向《ほうこう》を指《さ》ししめすとき

②　こちら　そちら　あちら　どちら／こっち　そっち　あっち　どっち　・　　・　場所《ばしょ》を指ししめすとき

③　これ　それ　あれ　どれ／この　その　あの　どの　・　　・　ようすを指ししめすとき

④　こんな　そんな　あんな　どんな／こう　そう　ああ　どう　・　　・　ものごとを指ししめすとき

2 次の文の――のこそあど言葉が指している言葉を、横《よこ》の（　）に書きましょう。

① 向《む》こうに茶色いマンションが見えますね。あそこの五階《かい》が、ぼくの家です。
（　　　　　　）

② レタス、はくさい、こまつな、これらをまとめて、葉物野菜《はものやさい》とよぶ。
（　　　　　　）

③ 家族《かぞく》みんなでショッピングモールへ行った。そこで、夜ごはんを食べた。
（　　　　　　）

④ わたしのたからものは、くまのぬいぐるみだ。毎日、それをだいてねている。
（　　　　　　）

⑤ 外はどしゃぶりだ。こんな天気では、明日の遠足は中止《ちゅうし》だろう。
（　　　　　　）

こそあど言葉 ②

おさらい

名前

月　日

次《つぎ》の『七五三のねがい』を読んで、後の問《と》いに答えましょう。

十一月十五日は七五三です。なぜ七さい、五さい、三さいのおいわいなのでしょうか。

　昔《むかし》は、七さいより小さい子どもたちが病気《びょうき》でなくなることがよくありました。そこで、これまで育《そだ》ったことへの感《かん》しゃと、これからも元気にせい長しますように、というねがいをこめて、おいわいするようになったのです。

　また、三さいは男の子と女の子、五さいは男の子、七さいは女の子のおいわいをしますが、㋐それにも意味《いみ》があります。

(1) 七五三は何さいのおいわいですか。

（　　）さいと（　　）さいと（　　）さい

(2) 七五三は、昔の人のどんな思いから始《はじ》まりましたか。二つ書きましょう。

・これまで育ったことへの（　　）。

・これからも元気に（　　）しますように、というねがい。

昔は、男の子も女の子も、生まれてしばらくは丸ぼうずで、三さいになったらかみをのばす「カミオキ」という行事《ぎょうじ》がありました。だから、三さいでは女の子も男の子もおいわいをするようになったのです。

ほかにも、五さいの男の子は「ハカマギ」、七さいの女の子は「オビトキ」という、着物《きもの》を着る行事がありました。㋑このことから、男の子は五さい、女の子は七さいでおいわいするようになったと言われています。

また、七五三では細長い形の「ちとせあめ」をもらいます。㋒これにも、「あめのように細く、長く、ねばり強く、長生きしてほしい」というねがいがこめられています。

(3) ㋐それは何を指《さ》していますか。

（　　）さいは男の子と女の子、（　　）さいは男の子、（　　）さいは女の子の（　　）をすること。

(4) ㋑このことは何を指していますか。文中からさがして〜〜〜を引きましょう。

(5) ㋒これは何を指していますか。

つなぎ言葉 ① チェック

名前

月　日

1 次《つぎ》の『ペットしょうかい』を読んで、後の問《と》いに答えましょう。

わたしのかっている鳥のことを話します。ほっぺが赤いオカメインコの「ピイ」です。名前をよぶと指先《ゆびさき》にとまります。

㋐、近づいてきて「なでて！」というように頭を下げます。そのしぐさがとてもかわいいです。

㋑、たまにつくえの角や柱《はしら》をかんでしまいます。いたずらずきなところには、少しこまっています。

ピイは、わたしが赤ちゃんのころからずっといっしょで、いっしょにせい長してきました。㋒、ピイはわたしたちの家族《かぞく》なのです。

(1) ㋐～㋒にあてはまる言葉《ことば》を□からえらんで書きましょう。

㋐（　　　）　㋑（　　　）

㋒（　　　）

でも　だから　また

(2) わたしは、ピイのどんなところにこまっていますか。

（　　　　　　）なところ。

2 次の『ハチドリと赤い花』を読んで、後の問いに答えましょう。

ハチドリは、名前の通り、ハチのように花のみつをすう鳥だ。

ミツバチなどの虫は、赤色をはっきり見分けることができないため、赤い花にあまりとまらない。 ア 、ハチドリはとても目がよいので、よく目立つ赤い花が大すきだ。

花は虫や鳥に花ふんを運《はこ》んでもらうことで数をふやす。虫よりも体の大きいハチドリがみつをすいにきてくれたら、花は数をたくさんふやすことができる。

イ 、ハチドリのすむ場所《ばしょ》にさく花は、ハチドリにあわせて赤くなったと言われている。植物《しょくぶつ》も生きるために進化《しんか》してきたのだ。

(1) ハチドリのエサは何ですか。

（　　　　）

(2) 花はどのようにして数をふやしますか。

（　　）や（　　）に（　　　　）を運んでもらうことで、数をふやす。

(3) ア、イにあてはまる言葉を□からえらんで書きましょう。

ア（　　　　）　イ（　　　　）

だから　しかし

つなぎ言葉 ① ワーク

名前

月　日

つなぎ言葉《ことば》は、文と文をつなぐのに使《つか》います。つなぎ言葉は大きく分けて二つあります。

㋐ ① → つなぎ言葉 → ②（①の文が、そのまま②につながる。）

「それで」「だから」「そして」「すると」「したがって」など

㋑ ① → つなぎ言葉 → ②（②の文が、①と反対《はんたい》のことを表《あらわ》す。）

「しかし」「けれど」「ところが」「だが」「でも」など

1 次《つぎ》の文のつなぎ言葉を○でかこみましょう。

① 雨がふった。けれど、外で遊《あそ》んだ。

② おなかがすいた。だから、急《いそ》いでおにぎりを食べた。

③ やきそばを食べた。そのうえ、白ごはんも食べた。

2 次の文のつなぎ言葉として、正しい方を○でかこみましょう。また、そのつなぎ言葉が、右のア、イのどちらのなかまか□に書きましょう。

① 勉強《べんきょう》でつかれた。 { だから / だが } ひと休みしよう。 □

② なわとびをがんばった。 { しかし / そこで } 新きろくは出なかった。 □

③ やくそくの時こくになった。 { ところが / なぜなら } 友だちはまだこない。 □

④ テニスのしあいで勝《か》った。 { けれども / したがって } 二回せん進出《しんしゅつ》だ。 □

⑤ 一日中ゲームをした。 { だから / それでも } 母にしかられた。 □

つなぎ言葉①

おさらい

名前

月　日

次《つぎ》の『ムササビの一日』を読んで、後の問《と》いに答えましょう。

森の小鳥たちがねむりにつくころ、昼のねむりから目ざめたムササビたちの活動《かつどう》が始《はじ》まります。

木のあなから出てきたムササビは、木の上の方へすばやくかけのぼっていきます。

㋐、前あしから後ろあしに広がった※1「皮《ひ》まく」をいっぱいに広げて、風に乗《の》って、まるでグライダーのようにとびます。太く長いしっぽを左右に動《うご》かして、たくみに※2かじをとります。

しっぽは、体と同じくらいの長さがあり

(1) ㋐、㋑にあてはまる言葉《ことば》を□からえらんで書きましょう。

㋐（　　）　㋑（　　）

そして　だから　たとえば

(2) ムササビはどのようにとびますか。

（　　）をいっぱいに広げて、風に乗って、まるで（　　）のようにとぶ。

ます。しっぽの役《やく》わりは、とぶときのかじとりだけではありません。たとえば、雨の日にはかさの代《か》わりになったり、寒《さむ》い日にはふとんの代わりになったりもします。

木の下には、ムササビのてきがたくさんいます。［㋑］、木からあまりおりず、木から木へとびうつって食べ物《もの》をさがしているのです。

おなかもいっぱいになり、東の空がうっすらと明るくなるころ、ムササビたちはすあなにもどり、深《ふか》いねむりにつくのです。

※1　皮まく……皮《かわ》のようなまく。
※2　かじをとる……進《すす》む方向《ほうこう》をそうさすること。

(3)　ムササビのしっぽには、どんな役わりがありますか。三つ書きましょう。

・とぶときの（　　　　）
・雨の日の（　　　　）の代わり
・寒い日の（　　　　）の代わり

(4)　ムササビが木から木へとびうつって食べ物をさがすのはなぜですか。

（　　　　）

(5)　ムササビが活動するのはいつですか。正しい方に○をつけましょう。

㋐（　）昼から夜の間
㋑（　）夜から早朝の間

つなぎ言葉 ②

チェック

名前

月　日

1 次《つぎ》の『カレーライスとソーライス』を読んで、後の問《と》いに答えましょう。

甲子園球場《こうしえんきゅうじょう》の名物《めいぶつ》、カレーライス。それは、球場ができたころから百年つづく人気メニューです。

甲子園につづき、大阪《おおさか》の阪急百貨店《はんきゅうひゃっかてん》の食どうにもカレーライスが登場《とうじょう》し、人気メニューになりました。

ア、そのころのカレーライスはねだんが高く、だれもが食べられるものではありませんでした。

イできたのがソーライスです。お皿《さら》に、白ごはんと福神《ふくじん》づけ。それにソースをかけて食べたそうです。それが、当時の人に人気の食べ方だったのです。

(1) ア、イにあてはまる言葉《ことば》を□からえらんで書きましょう。

ア（　　　）　イ（　　　）

そこで　ところが

(2) どのようにしてソーライスができたのですか。

（　　　）はねだんが高かったので、ごはんに（　　　）をかけて食べるようになった。

2 次の『きき手、きき足、きき目？』を読んで、後の問いに答えましょう。

　左右の手足で、より使《つか》いやすい方を「きき手」や「きき足」と言います。［ア］、はしやえんぴつを持《も》つ手が右の人は「右きき」と言ったりします。

　実《じつ》は、目にも「きき目」があります。両目《りょうめ》を開《あ》けたまま、目の前に手でわっかを作り、わの中を見てみましょう。［イ］、そのわをずらさずにかた目ずつ見てみます。［ウ］、一方の目はそのまま見えるのに、もう一方の目では少しずれて見えます。そのまま見えた方が「きき目」です。

　両目で見ているようで、実はかた方の目を中心に使っているのです。

(1) ア〜ウにあてはまる言葉を［　］からえらんで書きましょう。

たとえば　すると　そして

ア（　　）　イ（　　）　ウ（　　）

(2) どのように見えた方が「きき目」ですか。正しい方を〇でかこみましょう。
わの中をかた目ずつ見たとき、{そのまま／ずれて}見えた方。

つなぎ言葉 ②　ワーク

名前

月　日

文と文をつなぐ言葉《ことば》には、次《つぎ》のような役《やく》わりをするものもあります。

㋐ 前の文につけたすつなぎ言葉（さらに、そのうえ　など）

㋑ 前の文をまとめるつなぎ言葉（つまり、このように　など）

1 次の（　）にあてはまるつなぎ言葉を、□からえらんで書きましょう。

① ちこくしそうだったので、学校まで走った。（　　　）、間に合わなかった。

② 今日は雨だ。（　　　）、風も強い。

③ わたしには姉と弟がいる。（　　　）、三人きょうだいだ。

つまり	そのうえ	しかし

つなぎ言葉を使《つか》った二つの文は、次のように一つの文にすることができます。

今日は暑《あつ》い。だから、かき氷《ごおり》がおいしい。

今日は暑いから、かき氷がおいしい。

「から」の代《か》わりに、「ので」も使えそう！

2 □のつなぎ言葉をかえて、一つの文にします。（　）にあてはまる言葉を、□かららんで書きましょう。

① まどを開《あ》けた。するとと、風が入ってきた。
→ まどを開ける（　　）、風が入ってきた。

② おにごっこをした。それで、おなかがすいた。
→ おにごっこをした（　　）、おなかがすいた。

③ 図書館《としょかん》で本をかりた。ところが、まだ読んでいない。
→ 図書館で本をかりた（　　）、まだ読んでいない。

から　が　と

つなぎ言葉 ②

おさらい

名前

月　日

次《つぎ》の『チンパンジーとヒトの赤ちゃん』を読んで、後の問《と》いに答えましょう。

チンパンジーは、ヒトと同じように道具《どうぐ》を使《つか》う、とてもかしこい動物《どうぶつ》です。では、赤ちゃんのときは、ヒトとどのようなちがいがあるのでしょうか。

チンパンジーの赤ちゃんは、四さいくらいまでおちちを飲《の》んでいます。おちちを飲まなくなるまで、ずっとお母さんにだっこされています。お母さんにべったりで、とくに生まれてしばらくはお母さんが一人で子育《こそだ》てしています。［ア］、だんだんお母さんやまわりのチンパンジーのまねをす

(1) チンパンジーは、どんな動物だと書かれていますか。

ヒトと同じように（　　　）を使う、とても（　　　）動物。

(2) ア、イにあてはまる言葉《ことば》を、［　］からえらんで書きましょう。

ア（　　　）　イ（　　　）

［一方　だから　それから］

るようになり、いろいろなことができるようになっていきます。
　イ、ヒトの赤ちゃんは、もちろんだっこもされますⒶ、ベッドであお向《む》けになってねている時間が長いです。あお向けになってねているⒷ、いろいろなものを見ることができます。お母さんに何かを教えてもらったら、「これでいいの？」とたしかめるように見つめたりもします。そうして、お母さんやまわりの人たちとコミュニケーションを取《と》りながら大きくなっていきます。
　チンパンジーの赤ちゃんとヒトの赤ちゃんには、このようなちがいがあるのです。

(3) Ⓐ、Ⓑにあてはまる言葉を、［　］からえらんで書きましょう。

Ⓐ（　　　）　Ⓑ（　　　）

［ので　が］

(4) チンパンジーの赤ちゃんとヒトの赤ちゃんのすごし方のちがいを書きましょう。

チンパンジーの赤ちゃんは、ずっと（　　　）されているが、ヒトの赤ちゃんはベッドで（　　　）になってねている時間が長い。

一文を二文に分ける

チェック

名前

月　日

1 次《つぎ》の『お月見』を読んで、後《あと》の問《と》いに答えましょう。

㋐秋は空が青く高くすみわたるので、月が大きく、はっきりと見えます。

お月見は、一年でもっとも月が美《うつく》しいとされる「十五夜《じゅうごや》」にします。おそなえ物《もの》の月見だんごやススキには、作物《さくもつ》がたくさん実《みの》ったことに感《かん》しゃするという意味《いみ》があります。

お月見はもともと、中国から来た行事《ぎょうじ》です。中国では、月餅《げっぺい》というまるい形をしたおかしを食べます。まるい形は月を表《あらわ》し、家族《かぞく》が丸く、なかよくなろうという意味がこめられています。

(1) ㋐の文を二つに分けましょう。

（　　　　すみわたります。）

（　　　　）

(2) (1)の二つの文をつなぐ言葉《ことば》を、□からえらんで（　）に書きましょう。

（　　　　）

しかし　だから　また

2 次の『赤とんぼ』を読んで、後の問いに答えましょう。

赤とんぼは、かあいい※1おじょうちゃんの赤いリボンにとまってみたくなりました。

でも、おじょうちゃんがおこるとこわいな――と、赤とんぼは頭をかたげ※2ました。

けど、とうとう、おじょうちゃんが前へ来たとき、赤とんぼは、おじょうちゃんの赤いリボンにとびうつりました。㋐おじょうちゃんは、

「まア、あたしのぼうしに。」

と言って、うれしさにとびあがりました。

※1 かあいい……かわいい。
※2 かたげる……かしげる、かたむける。

（新美 南吉 青空文庫より）

(1) 赤とんぼは、どこにとまってみたくなりましたか。

おじょうちゃんの（　　）

(2) ㋐の文を二つに分けます。（　）にあてはまるつなぎ言葉を□からえらんで書きましょう。

おじょうちゃんは、「まア、あたしのぼうしに。」と言いました。（　　）、うれしさにとびあがりました。

そして　ところが　なぜなら

一文を二文に分ける　ワーク

名前

月　日

次《つぎ》のような文は、二つに分けることができます。つなぎ言葉《ことば》などを使《つか》うとわかりやすくなります。

わたしはいつも家でだらだらしてしまうので、帰ったらすぐに宿題《しゅくだい》をすることにしました。

↓

わたしはいつも家でだらだらしてしまいます。
そこで、帰ったらすぐに宿題をすることにしました。

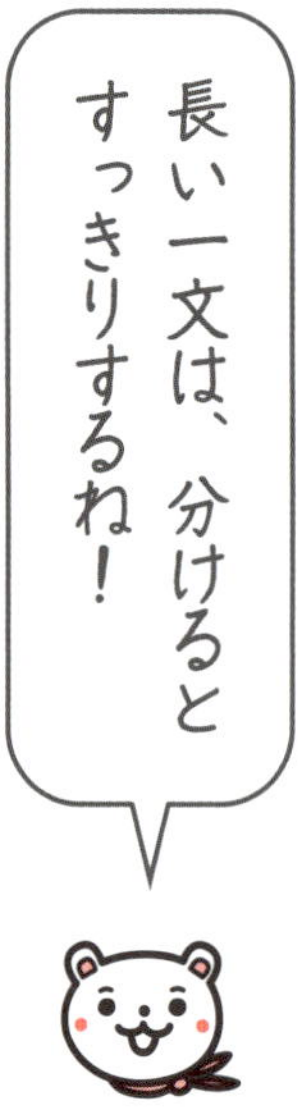

次の文を二つに分けて、□にあてはまる言葉を［ ］からえらんで書きましょう。

① 姉はとてもやさしいので、みんな姉のことが大すきだ。

（　　　）（［　　　］、）

② ぼくが消《しょう》ぼうしになりたいのは、人の命《いのち》をすくいたいからだ。

（ぼくは）（［　　　］、）

③ ゆいかさんはコンクールで金しょうをとるほど絵が上手《じょうず》で、ドッジボールもクラスで一番強い。

（　　　）（［　　　］、）

なぜなら　だから　そのうえ

一文を二文に分ける

おさらい

名前

月　日

次《つぎ》の『三本の角をもつトリケラトプス』を読んで、後の問《と》いに答えましょう。

三本の角をもつトリケラトプスは、※1植物食《しょくぶつしょく》きょうりゅうの中でもっとも有名《ゆうめい》です。三本のうち、長い二本は目の上にあって、一メートルほどもあったようです。㋐角は、肉食きょうりゅうにおそわれたときのぶきになるだけでなく、オスどうしの力くらべにも使《つか》われました。

トリケラトプスといえば、首のまわりのえりかざりもとくちょうの一つです。このえりかざりには、※2急所《きゅうしょ》である首を守《まも》るは

▲トリケラトプス

(1) トリケラトプスはどんなきょうりゅうですか。（　）にあう言葉《ことば》を書きましょう。

（　　　）をもつ、（　　　）な（　　　）きょうりゅうです。

(2) ㋐の文について、次の問いに答えましょう。

① 使われましたとありますが、何が使われたのですか。主語《しゅご》を書きましょう。

（　　　）

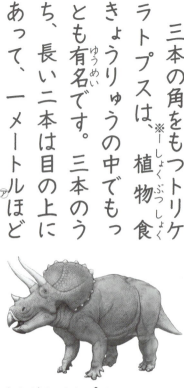

たらきがありました。

実《じっ》さいに、あるトリケラトプスのえりかざりの化石《かせき》から、ほかのきょうりゅうの角がささったあとが発見《はっけん》されています。えりかざりによって、直せつ首にダメージを受《う》けないようにしていたのです。

角もえりかざりも、せい長するにつれて大きくなります。トリケラトプスは、㋑これらを見て、自分のなかまかどうか見分けていたようです。また、角やえりかざりが大きいほど、かっこよくてみりょくてきだったとも言われています。

このように、角やえりかざりは、トリケラトプスにとって大切なものだったのです。

※1　植物食きょうりゅう……植物を食べるきょうりゅう。
※2　急所……体の中で、生命《せいめい》にかかわる大事《だいじ》なところ。

② 文を二つに分けましょう。

（　　　　）

（それだけでなく、　　　　）

(3) ㋑これらは何を指《さ》していますか。

（　　　　）と（　　　　）

一文をまとめる　チェック

名前

月　日

1 次《つぎ》の『みそとこうじきん』を読んで、後の問《と》いに答えましょう。

ア「みそ」はみそしるをはじめ、みそラーメンやみそカツなど、さまざまなりょう理に使《つか》われます。

昔《むかし》は、家庭《かてい》でもみそを作っていました。まず、むした大豆《だいず》を玉のように丸めて「みそ玉」を作ります。それをわらでつつみ、天じょうにつるしておきます。すると、空気中の「こうじきん」がつくので、それをたるに入れてねかせます。きんと聞くと心《しん》配《ぱい》になりますが、みそをおいしくしてくれる安全《あんぜん》なきんです。

このこうじきんは、今もみそや酒《さけ》などを作るのに広く使われています。

(1) アの文を短《みじか》くまとめます。(　)にあてはまる言葉《ことば》を書きましょう。

(　　)は、(　　)に(　　)。

(2) みその作り方を短くまとめます。(　)にあてはまる言葉を書きましょう。

みそ玉に(　　)をつけて、たるに入れて(　　)。

2 次の『サツマイモ』を読んで、後の問いに答えましょう。

㋐秋も深《ふか》まると、わたしたちは温《あたた》かいやきいもを食べたくなります。

サツマイモは二百五十年ほど前に、米がとれないときのひじょう食として広まりました。やがて、そのおいしさから、やきいもせん門店は江戸《えど》※の町にたくさんでき、人気のファストフードとなりました。

ファストフードといえば、今はハンバーガーやたこやきが人気ですが、昔はそば、すし、天ぷらなどが人気でした。すしや天ぷらは今ではごちそうですが、昔は屋台《やたい》で気軽《きがる》に買える食べ物《もの》だったのです。

※江戸……昔の東京の名前。

(1) ㋐の文の主語《しゅご》とじゅつ語を書きましょう。

主語（　は　）

じゅつ語（　　）

(2) 人気のファストフードを、今と昔で分けて書きましょう。

① 今（　　）（　　）

② 昔（　やきいも　）（　　）（　　）（　　）

一文をまとめる

ワーク

名前

月　日

一文が長いときは、まず主語《しゅご》とじゅつ語を見つけて、そこに大事《だいじ》な言葉《ことば》をつけたして文を短《みじか》くまとめると、すっきりしてわかりやすくなります。

先週　わたしは　家族《かぞく》と　いっしょに　近くの　公園で　お花見を　しました。

（主語）わたしは　（大事な言葉）お花見を　（じゅつ語）しました。

「何を」は、大事な言葉になることが多いよ。

次《つぎ》の文の主語を□、じゅつ語を□に書き、□に〈 〉のしゅうしょく語を書いて短くまとめましょう。

① ぼくは　日曜日に　運動会《うんどうかい》の　ごほうびに　家族と　やき肉を　食べました。

〈何を〉

ぼくは □ □。

② 近所《きんじょ》の　犬が　ぽかぽか　あたたかい　日なたで　昼ねを　している。

〈何を〉

□ □ □。

③ わたしは一年生の　ときから　三年間　クラスが　同じで　なかよしの　ゆうきさんと　ひさしぶりに　遊《あそ》びました。

〈だれと〉

□ □ □。

一文をまとめる　おさらい

名前

月　日

次《つぎ》の『万能食品《ばんのうしょくひん》　大豆《だいず》』を読んで、後の問《と》いに答えましょう。

㋐大豆は「畑《はたけ》の肉」とよばれるほど、えいようのある植物《しょくぶつ》です。日本では二千年前からさいばいされ、さまざまな食べ物《もの》に作りかえられています。

まず、しゅうかくしたときと食べるときの見た目があまりかわらないのが、えだ豆《まめ》となっとうです。

えだ豆はまだわかくてやわらかいうちにしゅうかくしたもので、ゆでて食べます。なっとうは、ねばねばしたえいようまん点の食べ物です。び生物の「なっとうきん」

(1)　大豆は、えいようがあることから何とよばれていますか。

（　　　　　）

(2)　㋐の文を短《みじか》くまとめます。（　）にあてはまる言葉《ことば》を書きましょう。

（　　　　　）は（　　　　　）のある（　　　　　）です。

のカでなっとうになります。

見た目が大きくかわるものには、とうふやきなこがあります。㋑とうふは、日本の食たくに、きせつにかんけいなくよく登場《とうじょう》します。とうふからは、油《あぶら》あげ、がんもどきなどもできます。きなこは和《わ》がしなどによく使《つか》われます。大豆をいって、こなにひいて使います。

さらに、大豆は和食にとってもっとも大切なみそやしょうゆのもとにもなります。いわば大豆は、和食をささえる「えんの下の力持《も》ち」。日本人にとってたいへんなじみのある、かかせないものなのです。

(3) しゅうかくしたときと食べるときの見た目があまりかわらない食べ物を二つ書きましょう。

(　　　　)(　　　　)

(4) ㋑の文を短くまとめます。(　)にあてはまる言葉を書きましょう。

(　　　　)は、日本の(　　　　)に、よく(　　　　)します。

(5) 大豆が大切なものだということがわかる言葉を、文中からさがして書きましょう。

だん落をまとめる

チェック

名前

月　日

1 次《つぎ》の『まるでにんじゃ？アゲハチョウ』を読んで、後の問《と》いに答えましょう。

①　アゲハチョウのよう虫は鳥のフンにそっくりです。これは、てきにおそわれにくくするためと言われています。

②　それでも、てきにおそわれそうになるときもあります。そんなときは、まず、体の目玉もようでおどかします。もしせ中をつつかれたら、くさい角《つの》をニョキッと出して追《お》いはらいます。

③　Ⓐさなぎで冬をこすときは、見つかりにくいようにかれ葉《は》ににた茶色になります。まるでにんじゃですね。

④　このようにして、アゲハチョウは身《み》を守《まも》っています。

(1)　この文章《ぶんしょう》は、何について書かれていますか。

アゲハチョウが身を（　　　　）ためのひみつ。

(2)　Ⓐの文章を短《みじか》くまとめます。（　）にあてはまる言葉《ことば》を書きましょう。

（　　　　）で冬をこすときは、（　　　　）になる。

郵　便　は　が　き

料金受取人払郵便

大阪北局
承　認
246

差出有効期間
2024年5月31日まで
※切手を貼らずに
お出しください。

530-8790

156

大阪市北区曽根崎2－11－16
梅田セントラルビル

清風堂書店
愛読者係　行

愛読者カード　ご購入ありがとうございます。

フリガナ		性別	男　・　女
お名前		年齢	歳
TEL FAX	(　　)	ご職業	
ご住所	〒　　－		
E-mail	@		

ご記入いただいた個人情報は、当社の出版の参考にのみ活用させていただきます。
第三者には一切開示いたしません。

□学力がアップする教材満載のカタログ送付を希望します。

●ご購入書籍・プリント名

●ご購入店舗・サイト名等（　　　　　　　　　　　　　　　　）

●ご購入の決め手は何ですか？（あてはまる数字に○をつけてください。）

1．表紙・タイトル　2．中身　3．価格　4．SNSやHP

5．知人の紹介　6．その他（　　　　　　　　　）

●本書の内容にはご満足いただけたでしょうか？（あてはまる数字に○をつけてください。）

たいへん満足　5　4　3　2　1　不満

●本書の良かったところや改善してほしいところを教えてください。

●ご意見・ご感想、本書の内容に関してのご質問、また今後欲しい商品のアイデアがありましたら下欄にご記入ください。

ご協力ありがとうございました。

★ご感想を小社HP等で匿名でご紹介させていただく場合もございます。　□可　□不可

★おハガキをいただいた方の中から抽選で10名様に2,000円分の図書カードをプレゼント！
当選の発表は、賞品の発送をもってかえさせていただきます。

2 次の『節分《せつぶん》の豆《まめ》まき』を読んで、後の問いに答えましょう。

① 冬から春をむかえるころに、節分の日があります。なぜ節分の日に豆まきをするのでしょうか。

② 昔《むかし》、京のみやこにおにが出て、村人たちをこまらせていました。そこで、神《かみ》様《さま》のおつげの通りおにの目に豆をなげつけたところ、おにはにげていったのだそうです。

③ それから、豆にはふしぎな力があるとされ、おにを追《お》いはらい、みんながけんこうで幸《しあわ》せにすごせるようにねがって、「節分」で豆をまくようになりました。

④ だから、「おには外、福《ふく》は内」と声を出して豆をまくのです。

(1) この文章の問いは何ですか。

なぜ（　　　）の日に（　　　）をするのか。

(2) (1)はどのだん落《らく》に書かれていますか。番《ばん》号《ごう》を書きましょう。

（　　　）

(3) 豆まきにはどんな意味《いみ》がありますか。二つ書きましょう。

・（　　　）を追いはらう。

・（　　　）で（　　　）にすごせるようにねがう。

だん落をまとめる

ワーク

名前

月　日

文章《ぶんしょう》を組み立てているまとまりをだん落《らく》といいます。だん落の内ようを短《みじか》くまとめるときは、くり返《かえ》し出てくる言葉《ことば》や題名《だいめい》にかんけいのある言葉など、大事《だいじ》な言葉を見つけましょう。

文章			
だん落	だん落	だん落	だん落

〈れい〉『女王バチとはたらきバチ』

ミツバチは、数千びきから数万びきほどが集《あつ》まって、すを作って生活しています。そして、女王バチを中心にそれぞれ決《き》められた仕事《しごと》をしながら共同《きょうどう》生活をしています。

⇦

ミツバチは女王バチを中心に共同生活をしています。

次《つぎ》の『クマと人間』を読んで、後の問《と》いに答えましょう。

① 秋になると、クマが出やすくなります。さいきんでは町まで出てきて、大さわぎになっています。

② おくびょうなクマがどうして人間のそばまで出てくるのでしょうか。

③ それは、家や工場をたてるために森の木を切ったことで、クマのすむ場所《ばしょ》がせまくなってきたのと、エサになるドングリなどが少なくなったことが理由《りゆう》だと言われています。

④ クマと人間がなかよく生活できる方ほうを見つけたいものです。

(1) 問いの文は①～④のどのだん落にありますか。番号《ばんごう》を書きましょう。

（　　）

(2) ③のだん落をまとめましょう。

クマが人間のそばまで出てくるのは、（　　）の（　　）を切ってクマの（　　）がせまくなったことと、エサが（　　）なったことが理由だと言われています。

だん落をまとめる

おさらい

名前

月　日

次《つぎ》の『生まれかわるペットボトル』を読んで、後の問《と》いに答えましょう。

① みなさんは、お茶やジュースを飲《の》みおえた後の、空《から》のペットボトルはどうしていますか。ごみには、「もえるごみ」や「もえないごみ」などいろいろありますが、ペットボトルは分けて集《あつ》められます。では、集められたその後はどうなっているのでしょうか。

② ペットボトルは石油《せきゆ》から作られるプラスチックのなかまです。もう一度《いちど》とかしてかためれば、いろいろなせい品《ひん》に形をかえることができます。

③ 集められたペットボトルは、まずラベ

(1) この文章《ぶんしょう》は何について書かれていますか。

空になった（　　　　）について

(2) 問いの文は①～⑤のどのだん落《らく》にありますか。番号《ばんごう》を書きましょう。

（　　）

(3) ②のだん落には二つの文があります。それぞれの内ようを短《みじか》くまとめましょう。

ルなど使《つか》えないものを取《と》りのぞきます。

次に細かくくだいて、ペレットとよばれる小さなかけらにします。このかけらがふたたび作られるせい品のもとになり、文《ぶん》ぼう具《ぐ》になったり、服《ふく》やかさ、カーペットになったりします。

④ 今、地球《ちきゅう》上でプラスチックのごみが海をよごし、海にすむ動物《どうぶつ》のかんきょうをこわしています。

⑤ 集めたペットボトルを作りかえるのにはお金がかかるため、すべてのペットボトルをリサイクルしているわけではありません。㋐これから研究《けんきゅう》が進《すす》んで、よりたくさんのペットボトルがリサイクルされていくことがきたいされています。

・ペットボトルは（　　　）のなかまだ。

・もう一度いろいろな（　　　）に形をかえることができる。

(4) ペットボトルはどんなせい品になっていますか。四つ書きましょう。

（　　　）（　　　）
（　　　）（　　　）

(5) ㋐の文を短くまとめましょう。

たくさんの（　　　）が（　　　）されていくとよい。

ナマケモノはなまけもの？

名前

月　日

次《つぎ》の文章《ぶんしょう》を読んで、後の問《と》いに答えましょう。

ナマケモノは、南アメリカのアマゾン地いきなどにすむ動物《どうぶつ》です。ゆったりした動作がなまけているように見えることから、そのような名前になりました。

ナマケモノは、一日中ほとんど動《うご》きません。場所《ばしょ》をかえることもほとんどなく、あたりを見回したり、エサである葉《は》っぱを食べたりして一日をすごします。なぜそんなに動かないのでしょうか。

［ア］、エサである葉っぱはカロリーがひくいため、エネルギーにかえにくいからです。ナマケモノは体重《たいじゅう》が数キログラ

(1) ナマケモノは、ふだん何をして一日をすごしていますか。二つ書きましょう。

（　　　　）

（　　　　）

(2) ア～ウにあてはまる言葉《ことば》を［　］からえらんで書きましょう。

ア（　　　　）　イ（　　　　）

ウ（　　　　）

つまり　それは　だから

ムしかなく、食べた葉っぱのえいようを体に取《と》りこむのに一週間もかかります。そのため、使《つか》えるエネルギーが少なく、活発《かっぱつ》に動けません。[イ]、木の上でじっとしていることがほとんどなのです。

そのかわりに、軽《かる》い体をいかして、木登《きのぼ》りが上手《じょうず》になりました。また、ほとんど動かないので、天てきであるワシや大がたのネコのなかまからねらわれにくいのです。[ウ]、ナマケモノは、少ないエサで活動をほとんどしない「Ⓐ省《しょう》エネ生活」をしているのです。自分にあったムダのない生活をしているだけなのに、ナマケモノという名前はかわいそうですね。

(3) ナマケモノが使えるエネルギーが少ないのはなぜですか。

葉っぱは（　　　）がひくいため、（　　　）にかえにくいから。

(4) ナマケモノがとくいなことは何ですか。

（　　　）

(5) ナマケモノのⒶ省エネ生活について、（　）にあてはまる言葉を書きましょう。

少ない（　　　）で（　　　）を

ほとんどしない、（　　　）のない生活。

もうどう犬になるまで

名前

月　日

次《つぎ》の文章《ぶんしょう》を読んで、後の問《と》いに答えましょう。

もうどう犬《けん》は、目の不自由《ふじゆう》な人が安全《あんぜん》に歩くことができるようにサポートする犬です。もうどう犬になる犬は、さまざまなくん練《れん》を受《う》けます。

　もうどう犬に向《む》いているのは、すなおで落《お》ち着《つ》きがあり、人なつっこい犬です。そのようなせいかくの親犬から生まれた子犬が、こうほにえらばれます。えらばれてから二か月ぐらいは、両親《りょうしん》とともにすごします。

　次に、「パピーウォーカー」とよばれるボランティアのかい主《ぬし》に、一さいになるま

(1) もうどう犬に向いている犬はどんな犬ですか。あてはまるものすべてに○をつけましょう。

㋐（　　）すなお

㋑（　　）落ち着きがない

㋒（　　）人なつっこい

㋓（　　）どんなところでもこわがらずにどんどん進《すす》む

(2) Ⓐそのかい主について、くわしく書きましょう。

での間あずけられます。Ⓐそのかい主といっしょに、雨や雪、電車や人ごみなど、さまざまなけいけんをします。

一さいをすぎると、くん練センターにもどります。くん練をする人は、「シット（すわれ）」や「カム（来い）」などのしじを出し、できたら「グッド」とほめます。

それらができるようになったら、人や物《もの》をよけて歩くことや、階《かい》だんがあれば止まって知らせることをおぼえます。安全に歩くために、くり返《かえ》し練習《れんしゅう》します。

くん練を終《お》えて一人前になったもうどう犬は、十さい前後まで目の不自由な人のそばではたらきます。もうどう犬は、いっしょにくらす人にとって、体の一部《いちぶ》であり、人生をともに歩むパートナーなのです。

（　　　　）とよばれる
（　　　　）のかい主。

(3) くん練について、（　）にあてはまる言葉《ことば》を□からえらんで書きましょう。

まず（　　）の（　　）にしたがうくん練をし、その後（　　）に歩くためのくん練をする。

安全　しじ　人間

(4) もうどう犬は、いっしょにくらす人にとってどんなそんざいですか。□にあてはまる言葉を書きましょう。

人生をともに歩む□□□□□

ミツバチのダンス

名前

月　　日

次《つぎ》の文章《ぶんしょう》を読んで、後の問《と》いに答えましょう。

春になるとミツバチたちは、花をもとめて、あちらこちらへとびまわります。花のみつや花ふんは、ミツバチにとって大切な食りょうです。ミツバチは、目としょっ角《かく》をはたらかせて、みつが多く出る花を見つけます。

花に近づくと、まず口をのばしてみつをすいます。体についた花ふんは、丸めて花ふんだんごにし、後ろあしの毛につけてすに持《も》ち帰ります。

すに帰ってきたミツバチは、みつはみつの小部屋《こべや》に、花ふんだんごは花ふんの小部

(1) ミツバチは何をはたらかせて花を見分けますか。二つ書きましょう。

（　　　　）（　　　　）

(2) 体についた花ふんを、どのようにしてすに持ち帰りますか。（　）にあてはまる言葉《ことば》を書きましょう。

丸めて（　　　　）にし、

（　　　　）の（　　　　）につける。

屋につめこみます。
それから、すの近くではげしく羽をふるわせて、円の形や8の字の形に動《うご》き回ります。おしりをふりながら動き回るようすは、まるで「ミツバチのダンス」です。花畑《はなばたけ》が近いときは円をえがき、遠いときは8の字をえがいて、なかまにきょりを知らせます。さらに、太陽《たいよう》の方向《ほうこう》にあわせて体の向《む》きをかえることで、花畑の方角《ほうがく》も教えるのです。
こうしてミツバチたちは、みつのありかをなかまに教えます。そして、みつのにおいをおぼえこみ、みんなで花畑めざしてとんでいくのです。

▲8の字をえがくミツバチ

(3) ミツバチのダンスについて、□にあてはまる言葉を文中からさがして書きましょう。

・□をえがく……花畑が□□

・□□□をえがく……花畑が□□

(4) 次の文を読んで、正しいものには○、まちがっているものには×を書きましょう。

ア（　）みつと花ふんだんごはべつの小部屋に分けてつめこまれる。

イ（　）みつを見つけたミツバチは、うれしくてダンスをする。

ウ（　）ミツバチはみつのありかをなかまに教えるためにダンスをする。

パンジーのちえ

名前

月　日

次《つぎ》の文《ぶん》章《しょう》を読んで、後の問《と》いに答えましょう。

春の花だんの主役《しゅやく》、パンジー。赤、青、黄、むらさきと色あざやかにさきます。

パンジーには、なかまをふやすためのちえがいくつもあります。

一つ目のちえは、花の後ろの、つつのような部分《ぶぶん》にあります。Ⓐここにはみつがたくわえられています。みつはおくの方にあるため、深《ふか》いところまで上手《じょうず》にみつをすえる虫だけがやってきます。その虫はハチ。ハチには、同じしゅるいの花のみつを取《と》り

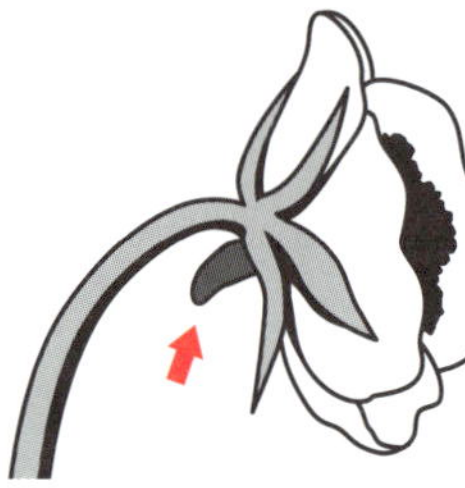

(1) Ⓐここは何を指していますか。

（　　　　　　）

(2) なぜ(1)には、深いところまで上手にみつをすえる虫しかこないのですか。

（　　　　　　）

(3) 次の㋐～㋒の文は、「花」か「たね」のどちらのちえですか。花のちえには「は」、たねのちえには「た」と（　）に書きましょう。

に行くせいしつがあります。ハチが何度《なんど》もみつをすいにきてくれれば、そのたびに花ふんもべつのパンジーに運《はこ》ばれるので、たくさんなかまをふやすことができるのです。

二つ目は、たねです。なかまをふやすために、たねが入ったさやを「パンッ」と開《ひら》き、できるだけ遠くへはじきとばします。

それだけではありません。たねの表面《ひょうめん》には、アリがすきなあまいものがついています。アリはこのあまいものを目当てにたねをすに持《も》ち帰ります。つまり、アリがたねをさらに遠くまで運んでくれるのです。

［Ⓑ　　］、パンジーは、なかまをふやすために、さまざまなちえをはたらかせています。

㋐（　）さやを「パンッ」と開く。
㋑（　）表面にアリのすきなあまいものがついている。
㋒（　）つつのような部分がある。

(4) Ⓑにあてはまる言葉《ことば》を次の㋐〜㋒からえらんで○をつけましょう。

㋐（　）それにしても
㋑（　）このように
㋒（　）しかしながら

(5) パンジーは、何のためにちえをはたらかせていますか。

（　　　　　　　　）

おせち

名前

月　日

次《つぎ》の文章《ぶんしょう》を読んで、後の問《と》いに答えましょう。

正月の食たくをいろどる、おせち。めでたい新年にぴったりのごちそうです。昔《むかし》はひなまつりなど五つの節句《せっく》すべてで作られるりょう理でしたが、今は正月をいわうりょう理をおせちとよびます。

おせちには、「福《ふく》を重《かさ》ねる」という意味《いみ》から重箱《じゅうばこ》が使《つか》われます。もともとは四だんが正式《せいしき》でしたが、さいきんでは三だん重《がさ》ねにすることが多いようです。

おせちの中身《なかみ》は、ほぞんがきくものが中心です。これは、正月の三日間は「かまどの神様《かみさま》」にも休んでいただくためです。海

(1) 次の言葉《ことば》の意味を［　］の㋐～㋒からえらんで記号《きごう》で書きましょう。

① いろどる　（　　）

② かまど　（　　）

③ 幸　（　　）

㋐ 自ぜんでとれた食ざい。

㋑ 木をもやして、にたりやいたりするところ。

㋒ いろいろそろえてきれいにかざること。

や山の③幸《さち》をたくさん入れて、自ぜんからのおくりものに感《かん》しゃします。

　おせちの中身一つ一つにも、それぞれ意味があります。

「一の重《じゅう》」の黒豆《くろまめ》には、まじめにはたらけるようにという意味があります。「二の重」のエビには、ひげが長くのび、こしが曲《ま》がるほど長生きできるようにというねがいがこめられ、「三の重」のレンコンはあながあいているので、しょう来の見通しがよいとされています。

　このようにおせちは、家《か》族《ぞく》みんなの幸《しあわ》せをいのる、大切なりょう理なのです。

(2) おせちにほぞんがきくものがたくさん入っているのはなぜですか。

（　　　　）

(3) 文章の内ようとあうものに○をつけましょう。

ア（　）おせちの黒豆には、はたらかなくてもゆたかにくらせるようにという意味がある。

イ（　）おせちは、家族みんなの幸せをいのる大切なりょう理である。

ウ（　）おせちは、もともと三だんが正式だったが、さいきんでは四だんのものが多い。

カレーライス

名前

月　日

次《つぎ》の文章《ぶんしょう》を読んで、後の問《と》いに答えましょう。

　きゅう食の人気メニューといえば、カレーライス。お肉に、ジャガイモやニンジンがゴロゴロ、とろりとした食感《しょっかん》。さい高ですね。日本人が大すきなカレーライスは、どのようにしてできたのでしょうか。
　カレーのふるさとはインドと言われていますが、日本のそれとはちがいます。具《ぐ》は野さいや肉のほか、チーズ、魚、ヨーグルトなども入れます。そして、たくさんのスパイスで味《あじ》つけします。サラサラした食感で、それをごはんやナンといっしょに食べます。

(1)　この文章の問いの文をさがして書きましょう。

(　　　　)

(2)　カレーのふるさとはどこだと言われていますか。

(　　　　)

(3)　(2)の国のカレーのとくちょうを三つ書きましょう。

日本で食べられるようになったのは、およそ百五十年前。イギリスからつたわりました。おいしくてえいようもあるカレーは、はじめはぐんたいで食べられていました。一度《いちど》にたくさん作ることができ、食きも少なく後かたづけが楽だったからです。

このカレーには小麦こが使《つか》われていて、インドのものとちがい、とろみがありました。これが日本のねばりけのあるごはんにもよくあいました。

その後日本では、べんりな固形《こけい》のルーやレトルトカレーなどが発明《はつめい》され、より多くの人にあいされるようになりました。外国から入ってきたものにくふうをくわえ、発てんさせていったのが日本のカレーライスなのです。

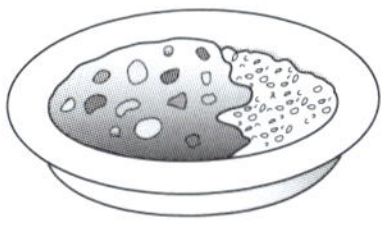

・チーズや魚などの（　　　）も入れること。

・（　　　）で味つけすること。

・（　　　）した食感。

(4) なぜカレーは、ぐんたいで食べられていたのですか。

おいしくて（　　　）もあり、

一度に（　　　）作ることができて、（　　　）が楽だから。

(5) カレーについて、日本で発明されたものを二つ書きましょう。

（　　　　　）

（　　　　　）

甑岩のたたり

名前

月　日

次《つぎ》の文章《ぶんしょう》を読んで、後の問《と》いに答えましょう。

西宮市《にしのみや》に「越木岩神社《こしきいわじんじゃ》」という古い神社があります。この神社には、「甑岩《こしきいわ》」という高さが十メートル、まわりが四十メートルほどもある大きな岩があります。古くから村人たちは、この岩を神様《かみさま》の宿《やど》る岩として大切にしてきました。

［Ⓐ］、今から四百年ほど前、その岩を切り出すことになりました。大阪城《おおさかじょう》の石がきに使《つか》おうと、との様が切り出すように命《めい》れいしたのです。神様の宿る岩ですから、村人たちは何とかやめてもらうようお

(1) Ⓐについて、それまでの出来事《できごと》をじゅん番に書きましょう。

① 大阪城の（　　　　）に使うために、（　　　　）が岩を切り出すように命れいした。

② しょく人が作業を始めると、岩から（　　　　）がふき出した。

③ けむりをあびたしょく人たちは手足をふるわせて苦しみ、（　　　　）から転がり落ちてなくなった。

ねがいしましたが、聞き入れてもらえませんでした。

　Ⓑ［　　］、大ぜいのしょく人がやってきて、作業《さぎょう》が始《はじ》まりました。しばらくすると、岩が大きくふるえ始め、岩のあちらこちらからけむりがふき出しました。そのけむりをあびたしょく人たちは手足をふるわせて苦《くる》しみ、やがて岩から転《ころ》がり落《お》ちて、なくなってしまいました。

　これを見た人々は、「Ⓐこれは神様のたたり※だ」とおそれ、岩を切り出すことをあきらめました。

　今もその岩は、切り出されることなく、そのまま大切にのこされています。

※たたり……おきてをやぶって、神様などからばつを受《う》けること。

(2) Ⓐ、Ⓑにあてはまる言葉《ことば》を［　］からえらんで書きましょう。

Ⓐ（　　）　Ⓑ（　　）

［そして　ところが　このように］

(3) この話から、どんなことが言えますか。正しいものに○をつけましょう。

ア（　）神様によくおねがいしてから岩を切るべきだった。

イ（　）お城のためでなく、村のために使うべきだった。

ウ（　）神様は村人にとって大切だからいつまでもお守《まも》りすべきだ。

どうして虫歯になるの？

名前

月　日

次《つぎ》の文章《ぶんしょう》を読んで、後の問《と》いに答えましょう。

みなさんは虫歯《むしば》になったことがありますか。虫歯になるといたくてたまらず、歯《は》医《い》者《しゃ》さんに行かなければなりません。では、なぜ虫歯になるのでしょうか。

人の口の中には虫歯きんというものがすみついています。それが、食べたものから歯をとかすものを作り出し、虫歯になるのです。

㋐虫歯になりやすい食べ物《もの》といえば、おかしやジュースなどのあまいものが思いうか

(1) この文章の問いの文に〰〰を引きましょう。

(2) なぜ人は虫歯になるのですか。（　）にあう言葉を□からえらんで書きましょう。

口の中には、（　　　　）がいて、（　　　　）から（　　　　）を作り出すから。

食べたもの	歯をとかすもの
虫歯きん	

びます。しかし、パンやイモ・豆《まめ》などのこく物《もつ》も、虫歯になりやすい食べ物です。

肉だけを食べるライオンやトラなどのネコのなかまは虫歯になりません。

また、草や葉《は》ばかり食べているウシやキリンなども㋑同じです。野生の動物《どうぶつ》たちは虫歯の原いんになるものを食べないので、虫歯にならないのです。

とはいえ、野生の動物のように肉や草だけを食べてくらすわけにもいきませんね。食べた後はしっかり歯をみがいて、虫歯をふせぎましょう。

(3) ㋐には、どんなものがありますか。五つ書きましょう。

（　　）（　　）（　　）（　　）（　　）

(4) ㋑とありますが、何が同じなのですか。

□□に□□□□こと。

(5) 虫歯をふせぐために、何をしたらいいと書かれていますか。

（　　）

えい語？日本語？

名前

月　日

次《つぎ》の文章《ぶんしょう》を読んで、後の問《と》いに答えましょう。

ある人がアメリカ旅行《りょこう》中、お店のメニューを見て、「コーラ&フライドポテト！」と注文《ちゅうもん》しました。ところが、店員《てんいん》さんは、首をかしげてこまっています。アメリカの定番《ていばん》メニューのはずなのに、なぜでしょう。

それは、これらの言葉《ことば》は発音《はつおん》がむずかしかったり、わかりにくかったりしたため、日本に入ってきたときに日本風《ふう》のえい語にかえられたものだからです。

アメリカでは、コーラは「コーク」、フライドポテトは「フレンチフライス」とい

(1) 店員さんに注文がつたわらなかったのはなぜですか。正しいものに○をつけましょう。

㋐（　）発音が悪《わる》くて聞き取れなかったから。

㋑（　）アメリカでは「コーラ」や「フライドポテト」はちがう名前でよばれているから。

㋒（　）コーラもフライドポテトもお店になかったから。

(2) ホチキスやセロテープは、どんな場合をせつ明するためのれいとしてあげられていますか。

います。ちなみにイギリスでは、フライドポテトは「チップス」。日本では「チップス」といえばおかしが頭にうかびますね。

ほかにも、会社のせい品《ひん》の名前がそのまま使《つか》われている場合もあります。有名《ゆうめい》なのが「ホチキス」や「セロテープ」。アメリカでは「ホチキス」は「ステープラー」、「セロテープ」は「スコッチテープ」とよばれます。

また、えい語では長いので、意味《いみ》をそのままに短《みじか》くした言葉もあります。エアコンやリモコンなどがそれにあたります。

日本人は、外国のものを取《と》り入れて、日本風にするのがとく意《い》です。えい語も自分たちの生活にあうようにかえてきたのですね。

（　　　　　場合。）

(3) 次のよび名は、「日本」、「アメリカ」のどちらの国のものですか。

① スコッチテープ（　　）

② エアコン（　　）

③ ステープラー（　　）

(4) 日本人はどんなことがとく意だと書かれていますか。

（　　　　　）

テッポウウオのエサとり

名前

月　日

次《つぎ》の文章《ぶんしょう》を読んで、後の問《と》いに答えましょう。

① テッポウウオという魚を知っていますか。あたたかい海のあさせや川の出口をこのみ、日本では沖縄県《おきなわけん》の西表島《いりおもてじま》に生《せい》息《そく》しています。

② その魚は名前の通り、えだや木《こ》の葉《は》にとまった虫を、まるで水でっぽうをうつように水面《すいめん》にうち落《お》とします。

③ 水をとばすしくみは、上あごにあるみぞとえらぶた、そして上あごより少しつき出た下あごにあります。

④ 下あごがつき出ていることで口の中に水の通り道ができます。そして、みぞを

(1) テッポウウオがなぜそのような名前になったのかをせつ明しているだん落《らく》の番号《ばんごう》を書きましょう。

（　　）

(2) (1)のだん落を短《みじか》くまとめます。（　）にあう言葉《ことば》を書きましょう。

（　　）に

（　　）は、（　　）を

（　　）をうつようにうち

落とす。

うまく使《つか》い、えらぶたを強くとじることで、のどにたくわえた水を通り道からいきおいよくとばすのです。それほど大きくない魚ですが、一・五メートルもとばすことができます。

⑤ エサとりショーをしている水族館《すいぞくかん》もあります。係《かかり》の人が水面上のえだや葉にエサをおくと、Ⓐそれをねらって、いっせいに水をとばします。

⑥ [Ⓑ]、近くにいる虫には、水中からいきおいよくとびだして食いつくこともあります。そのほか、水中でエビや小魚をつかまえて食べることもあります。

▲えもの物に向《む》けて水をとばすテッポウウオ

(3) Ⓐそれは何を指《さ》していますか。

[　　]

(4) Ⓑにあてはまる言葉をえらんで○をつけましょう。

㋐（　）なぜなら
㋑（　）そのため
㋒（　）また

(5) 「まるで」を使《つか》って、短い文を作りましょう。

（　　　　）

自ぜんにとけこむこん虫たち

名前

月　日

次《つぎ》の文章《ぶんしょう》を読んで、後の問《と》いに答えましょう。

① こん虫の体の色や形は、すむ場所《ばしょ》の色やもようとよくにています。それはなぜでしょうか。

② ア、緑《みどり》の草むらにすむこん虫の体の色は緑色、川原《かわら》にすむこん虫は、まわりの石や土によくにた色をしています。中には、その場その場で体の色をかえられるものもいます。

③ こん虫の多くは、自分より強いこん虫や動物《どうぶつ》につねにねらわれています。中でも、空からおそってくる鳥は一番の天て

(1) 筆者《ひっしゃ》は、どんなことを問いかけていますか。（　）にあう言葉《ことば》を書きましょう。

こん虫の体の（　　）や（　　）は、なぜ（　　）の色や（　　）とにているのか。

(2) 次の場所にすむこん虫は、どんな色をしていますか。

① 草むら（　　）

② 川原（　　）

きです。見つかってしまえば、勝《か》ち目《め》はありません。

④ [㋑]、少しでもてきに気づかれないようにするひつようがあります。こん虫は、まわりのようすにあわせることで身《み》を守《まも》っているのです。

⑤ [㋒]、虫たちもまた、鳥たちと同じように、自分より小さい虫を食べて生きています。カマキリのなかまは、まわりの色やもように身をかくして、エサをつかまえやすくしています。

⑥ Ⓐつかまらないためにかくれたり、つかまえるためにかくれたり。どちらも生きぬくための方ほうなのです。

(3) ㋐～㋒にあてはまる言葉を[ ]からえらんで書きましょう。

㋐（　　）　㋑（　　）

㋒（　　）

[しかし　だから　たとえば]

(4) (1)の問いかけの答えを、二つに分けて書きましょう。

① （　　）に気づかれないようにするため。

② エサを（　　）ため。

(5) Ⓐは、(4)の①、②のどちらを表《あらわ》していますか。（　　）

二ひきのかえる

名前

月　日

次《つぎ》の文章《ぶんしょう》を読んで、後の問《と》いに答えましょう。


　そしてそれから、春がめぐってきました。

　土の中にねむっていたかえるたちは、せなかの上の土があたたかくなってきたのでⒶわかりました。

　さいしょに、緑《みどり》のかえるが目をさましました。土の上に出てみました。まだほかのかえるは出ていません。

「おいおい、おきたまえ。もう春だぞ。」

　すると、黄色のかえるが、

Ⓑ「やれやれ、春になったか。」

と言って、土から出てきました。

(1) Ⓐとありますが、何がわかったのですか。

（　　　　　　　　　　）

(2) ① Ⓑについて答えましょう。
だれのようすについて書かれていますか。

（　　　　　　　　　　）

② Ⓑのようすとして、正しい方に○をつけましょう。

「去年《きょねん》のけんか、わすれたか。」
と緑のかえるが言いました。
「待《ま》て待て。体の土をあらいおとしてから
にしようぜ。」
と黄色のかえるが言いました。
二ひきのかえるは、体からどろ土《つち》をおと
すために池の方に行きました。
池には、新しくわき出てラムネのように
すがすがしい水がいっぱいにたたえられて※
ありました。その中へかえるたちは、とぶ
んとぶんととびこみました。

※たたえられて……水などがあふれるほど中にあること。

（新美 南吉 青空文庫より）

㋐（　）もう春になったのか、との
そのそはい出してきた。
㋑（　）よし、けんかのつづきを始《はじ》
めるぞ、と急《いそ》いで出てきた。

(3) 池の水のようすがわかる文を、文中から
さがして〰〰を引きましょう。

(4) 「すがすがしい」を使《つか》って短《みじか》い文を作り
ましょう。

（　　　　）

去年の木 ①

名前

月　日

次《つぎ》の文章《ぶんしょう》を読んで、後の問《と》いに答えましょう。

一本の木と、一羽の小鳥とはたいへんなかよしでした。小鳥は一日、その木のえだで歌を歌い、木は一日中、小鳥の歌をきいていました。

けれど、寒《さむ》い冬が近づいてきたので、小鳥は木からわかれていかねばなりません。

「さようなら。また来年きて、歌をきかせてください。」

と木は言いました。

「ええ。それまで待《ま》っててね。」

と言って、小鳥は南の方へとんでいきま

(1) 木と小鳥は、どんなことをしてすごしていましたか。文中からさがして、〰〰を引きましょう。

(2) 木と小鳥は、なぜわかれなければならなかったのですか。

（　　　　　　）

(3) 木とわかれた小鳥は、どこへとんでいきましたか。

（　　　　　　）

した。

春がめぐってきました。野や森から、雪がきえていきました。

小鳥は、なかよしの去年《きょねん》の木のところへまた帰っていきました。

ところが、これはどうしたことでしょう。Ⓐ木はそこにありませんでした。根《ね》っこだけがのこっていました。

「ここに立ってた木は、どこへ行ったの。」

と小鳥は根っこに聞きました。

「きこりがおのでうちたおして、谷の方へ持《も》っていっちゃったよ。」

小鳥は谷の方へとんでいきました。


（新美 南吉 青空文庫より）

(4) 春になったようすがよくわかる文を、文中からさがして書きましょう。

（　　　　）

(5) Ⓐとありますが、木はなぜなかったのですか。

（　　　　）

(6) (5)はだれから聞きましたか。

（　　　　）

去年の木 ②

次《つぎ》の文章《ぶんしょう》を読んで、後の問《と》いに答えましょう。


谷のそこには大きな工場があって、木を切る音が、ビィンビィンとしていました。

小鳥は工場の門の上にとまって、

「門さん、㋐わたしのなかよしの木は、どうなったか知りませんか。」

と聞きました。門は、

「木なら、工場で細かくきざまれて、マッチになってあっちの村へ売られていったよ。」

と言いました。

小鳥は村の方へとんでいきました。

ランプのそばに女の子がいました。そこで小鳥は、

(1) ㋐は、どのようにすがたをかえていきましたか。（　）にあう言葉《ことば》を書きましょう。

① 谷の工場に運《はこ》ばれた。
↓
② 細かくきざまれて、（　　　　）になった。
↓
③ 村でランプをともす（　　　　）になった。

「もしもし、マッチをごぞんじありませんか。」

と聞きました。

すると女の子は、

「マッチはもえてしまいました。けれど、マッチのともした火が、まだこのランプにともっています。」

と言いました。

小鳥は、ランプの火をじっと見つめておりました。

それから、去年《きょねん》の歌を歌って火に聞かせてやりました。㋑火はゆらゆらとゆらめいて、心からよろこんでいるように見えました。

歌を歌ってしまうと、㋒小鳥はまたじっとランプの火を見ていました。それから、どこかへとんでいってしまいました。


（新美 南吉 青空文庫より）

(2) (1)の③は、だれから聞きましたか。

（　　　）

(3) ㋑とありますが、小鳥には火が何のように見えたと思いますか。文中の言葉で書きましょう。

な□□□の□

(4) ㋒の小鳥に言ってあげたいことを考えて書きましょう。

（　　　）

赤いろうそくと人魚

名前

月　　日

次《つぎ》の文章《ぶんしょう》を読んで、後の問《と》いに答えましょう。

おじいさんとおばあさんは、神社《じんじゃ》で人魚のすて子の女の子を見つけ、大事《だいじ》に育《そだ》てました。

むすめは大きくなりましたけれど、すがたがかわっているので、はずかしがって顔を出しませんでした。

けれど、一目《ひとめ》そのむすめを見た人は、その美《うつく》しさに、みんなびっくりしました。

だから、中にはどうにかしてそのむすめを見ようと思って、ろうそくを買いに来た者《もの》もありました。

おじいさんやおばあさんは、

「うちのむすめは、※内気ではずかしがりやだから、人様《ひとさま》の前に出ないのです。」

(1) 大きくなったむすめを、どうにかして見たいと思う者がいたのはなぜですか。

（　　　　）するような（　　　　）のむすめだったから。

(2) おじいさんとおばあさんは、むすめが人前に出ない理由《りゆう》を何と言っていましたか。

（　　　　）で（　　　　）だから。

(3) (2)の本当の理由は何でしたか。正しいものに○をつけましょう。

と言っていました。

おくの間でおじいさんは、せっせとろうそくを作っていました。むすめは自分の思いつきで、きっと絵をかいたら、みんながよろこんでろうそくを買うだろうと思いました。そして、そのことをおじいさんに話しますと、そんならお前のすきな絵をためしにかいてみるがいい、と答えました。

むすめは、赤い絵《え》の具《ぐ》で、白いろうそくに魚や貝や、また海草《うみくさ》のようなものを、だれにも習《なら》ったのではないが上手《じょうず》にえがきました。Ⓐおじいさんはそれを見るとびっくりしました。だれでも、その絵を見ると、ろうそくがほしくなるような、その絵には、ふしぎな力と美しさがこもっていたのであります。

※内気……おとなしくひかえめであること。

（小川　未明　青空文庫より）

㋐（　　）むすめのすがたがかわっているから。

㋑（　　）ろうそく作りでいそがしいから。

㋒（　　）ろうそくの絵をかくのに集《しゅう》中《ちゅう》してほしいから。

(4) Ⓐについて答えましょう。

① 「それ」とは何を指《さ》していますか。

（　　）が白い（　　）にかいた（　　）。

② なぜびっくりしたのですか。

（　　　　）

八人の真ん中

名前

月　日

次《つぎ》の文章《ぶんしょう》を読んで、後の問《と》いに答えましょう。

昔《むかし》、彦一《ひこいち》というとてもかしこい子どもがいました。

ある日、おとの様《さま》から、Ⓐこんな知らせがとどきました。

《今度《こんど》たんじょういわいをするから、きっかり八人で来るように。》

みんなよろこびましたが、彦一だけは、「八人きっかり」とはあやしいぞ、何かたくらんでいるな、と思いました。

おしろに着《つ》いて中に入ると、おとの様が言いました。

「よく来てくれた。うれしいぞ。さて、彦一

(1) Ⓐは、どんな内ようでしたか。

(2) (1)は、だれからの知らせでしたか。

(3) (1)の知らせをもらった彦一は、どのように思いましたか。正しいものに○をつけましょう。

に問題《もんだい》を出す。彦一はならんだ八人のちょうど真《ま》ん中《なか》にすわるようにいたせ。それができなければ、すぐに帰るがよい。」

五人や七人なら、左右どちらから数えても真ん中ができますが、八人だとそうはいきません。みんな心配《しんぱい》そうに見守《みまも》りましたが、彦一はにっこりわらって言いました。

「わかりました。みんな、わたしをかこむようにまるくすわってください。」

これなら、七人でも八人でもちゃんと真ん中ができます。おとの様は、

「うむ、あっぱれじゃ！」

と言って、彦一たちにごちそうをたっぷり出しました。

㋐（　）八人も行けてうれしいな。

㋑（　）何かあやしいな。

㋒（　）ごちそうが楽しみだな。

(4) 彦一が考えた方ほうを、図で表《あらわ》します。「みんな」は○、「彦一」は●として、左の□に図をかきましょう。

手ぶくろを買いに ①

名前

月　日

次《つぎ》の文章《ぶんしょう》を読んで、後の問《と》いに答えましょう。

寒《さむ》い冬が北方《ほっぽう》から、きつねの親子のすんでいる森へもやってきました。

ある朝、ほらあなから子どものきつねが出ようとしましたが、

Ⓐ「あっ。」

とさけんで、目をおさえながら母さんぎつねのところへころげてきました。

「母ちゃん、目に何かささった。ぬいてちょうだい、早く、早く。」

と言いました。

母さんぎつねがびっくりして、あわてふ

(1) きつねの親子はどこにすんでいますか。

（　　　）の（　　　）の中

(2) Ⓐについて答えましょう。

① さけんだのはだれですか。

（　　　）

② なぜさけんだのですか。

目に何か（　　　）と思ったから。

ためきながら、目をおさえている子どもの手を、Ⓑおそるおそる取《と》りのけてみましたが、何もささってはいませんでした。母さんぎつねは、ほらあなの入口から外へ出て、Ⓒはじめてわけがわかりました。昨夜《さくや》のうちに、真《ま》っ白《しろ》な雪がどっさりふったのです。その雪の上からお日様《ひさま》がキラキラとてらしていたので、雪はまぶしいほど※反《はん》しゃしていたのです。雪を知らなかった子どものきつねは、あまりに強い反しゃを受《う》けたので、目に何かささったと思ったのでした。

※反しゃ……太陽《たいよう》の光がはね返《かえ》ること。

（新美　南吉　青空文庫より）

(3) ほらあなの外はどんなようすでしたか。

どっさりとつもった（　　）の上から（　　）がキラキラとてらしていた。

(4) Ⓑとにた意味《いみ》の言葉《ことば》をⓐ～ⓤからえらんで○をつけましょう。

ア（　）ばたばたと

イ（　）こわごわと

ウ（　）てきぱきと

(5) Ⓒとありますが、何がわかったのですか。

子どものきつねが、（　　）の（　　）を受けたこと。

手ぶくろを買いに ②

名前

月　日

次《つぎ》の文章《ぶんしょう》を読んで、後の問《と》いに答えましょう。

子ぎつねは教えられたとおり、トントンと戸をたたきました。

「こんばんは。」

すると、中では何かコトコト音がしていましたが、Ⓐやがて、戸が一すん※ほどゴロリと開《あ》いて、光のおびが道の白い雪の上に長くのびました。

子ぎつねはその光がまばゆかったので、面《めん》くらって、Ⓑまちがった方の手を、――お母さんが出しちゃいけないと言ってよく聞かせた方の手をすき間からさしこんでしまいました。

「このおててにちょうどいい手ぶくろくだ

(1) Ⓐのようすとして、正しい方に○をつけましょう。

㋐（　）戸が少し開いたので、お店の光が長くのびた。

㋑（　）店の光で子ぎつねのすがたが長くのびて、雪にうつし出された。

(2) Ⓑについて答えましょう。

① なぜまちがった方の手を出してしまったのですか。

（　　　　）

さい。」

するとぼうし屋《や》さんは、ⓒおやおやと思いました。きつねの手が手ぶくろをくれと言うのです。きつねの手です。これはきっと木《こ》の葉《は》で買いに来たんだなと思いました。

そこで、

「先にお金をください。」

と言いました。子ぎつねはすなおに、にぎってきた白どうか※2を二つぼうし屋さんにわたしました。ぼうし屋さんはそれを人さし指《ゆび》の先にのっけて、かち合わせてみると、チンチンとよい音がしましたので、これは［Ⓓ］じゃない、ほんとのお金だと思いましたので、たなから子ども用の毛糸の手ぶくろを取《と》り出してきて、子ぎつねの手に持《も》たせてやりました。

※1　一すん……およそ三センチメートル。
※2　白どうか……お金。

（新美　南吉　青空文庫より）

② だれから出してはいけないと聞かされていましたか。
（　　　　）

(3) ⓒについて答えましょう。
① 思ったのはだれですか。
（　　　　）
② なぜⓒと思ったのですか。
（　　　　）が（　　　　）を出して（　　　　）がほしいと言ったから。

(4) Ⓓにあてはまる言葉《ことば》を、文中からさがして書きましょう。
［　　　］

青葉の下

名前

月　日

次《つぎ》の文章《ぶんしょう》を読んで、後の問《と》いに答えましょう。

　とうげの上に、大きなさくらの木がありました。春になると花がさいて、遠くから見るとかすみのかかったようです。その下に小さな茶屋《ちゃや》があって、人のいいおばあさんが、ひとり店先にすわって、わらじ※1やおかしや、みかんなどを売っていました。

〈中略《ちゅうりゃく》〉

　ところが、自動車《じどうしゃ》がこんどあちらの村まで通ることになって、道が広がるのでありました。それで、さくらの木を切ろうという話が起《お》こったのです。それに反対《はんたい》したのは、もとよりおばあさんでした。つぎには、この茶屋に休んで、花をながめたり、

(1) とうげの上のさくらの木は、春になるとどんなようすになりますか。

（　　　　　　　　）

(2) なぜさくらの木を切ろうという話が起こったのですか。

（　　　）が通るために、（　　　）を広げることになったから。

すずんだりした村の人たちです。それから、賢吉《けんきち》や、とし子や、正二《しょうじ》などの子どもたちでした。

「あのさくらの木を切ってはかわいそうだ。春になっても花が見られないし、夏になってもセミがとれないものなあ！」

と、たがいに話し合いました。Ⓐ子どもたちの※2不平《ふへい》が耳に入ると、親たちも、いつか切ることに反対しました。［Ⓑ］、村の人びとがさくらの木を道のそばへうつすことになったのです。おおぜいの力ですると、どんなことでもできるものです。大きなさくらの木は、じゃまにならぬところへうつされて、おばあさんの茶店は、やはりその木の下にたてられました。

※1　わらじ……わらで作ったはきもの。
※2　不平……なっとくできず、ふまんであること。

（小川　未明　青空文庫より）

(3) さくらの木を切ることに反対したのはだれですか。出ているじゅんに書きましょう。

① （　　　）

② 茶屋で休んでいた（　　　）

③ （　　　）、（　　　）、（　　　）などの子どもたち

④ 子どもたちの（　　　）たち

(4) Ⓐ子どもたちの不平とは、どんなことですか。文中からさがして～～を引きましょう。

(5) Ⓑにあてはまる言葉《ことば》を㋐～㋒からえらんで○をつけましょう。

㋐（　）しかし

㋑（　）なぜなら

㋒（　）それで

子どものすきな神さま

名前

月　日

次《つぎ》の文章《ぶんしょう》を読んで、後の問《と》いに答えましょう。

子どものすきな小さい神《かみ》さまがありました。いつもは森の中で、歌をうたったり笛《ふえ》をふいたりして、小鳥やけものと遊《あそ》んでいましたが、ときどき人の住《す》んでいる村へ出てきて、すきな子どもたちと遊ぶのでした。

　㋐　、この神さまは、いちどもすがたを見せたことがないので、子どもたちにはちっともわかりませんでした。

雪がどっさりふった次の朝、子どもたちは真《ま》っ白《しろ》な野っぱらで遊んでいました。

　㋑　、一人の子どもが、

「雪の上に顔をうつそうよ。」

(1) 神さまはときどき、村へ出てきて何をしていましたか。

（　　　　　　　　）

(2) ㋐、㋑にあてはまる言葉《ことば》を□からえらんで書きましょう。

㋐（　　　　）　㋑（　　　　）

すると　けれど　たとえば

と言いました。

そこで十三人の子どもたちは、こしをかがめてまるい顔を真っ白な雪におしあてました。そうすると、子どもたちのまるい顔は、一列《れつ》にならんで雪の上にうつったのでした。

「一、二、三、四、……」

と、一人の子どもが顔のあとを数えてみました。

Ⓐどうしたことでしょう。十四ありました。子どもは十三人しかいないのに、顔のあとが十四あるわけがありません。

きっと、いつもの見えないⒷが、子どもたちのそばに来ているのです。


（新美　南吉　青空文庫より）

(3) 野っぱらで遊んでいた子どもたちは、どんなことをしましたか。

（　　　）に（　　　）をおしあてて、顔の（　　　）をうつした。

(4) Ⓐとありますが、どんなことがふしぎだったのですか。（　）にあてはまる数を書きましょう。

子どもたちは（　　　）人なのに、顔のあとは（　　　）あったこと。

(5) Ⓑにあてはまる言葉を書きましょう。

ねずみのよめ入り

名前

月　日

次《つぎ》の文章《ぶんしょう》を読んで、後の問《と》いに答えましょう。


むかしむかし、大きなおやしきにお金持《かねも》ちのねずみのふうふが住《す》んでおりました。

　ふうふには子どもがいませんでした。神《かみ》様《さま》におねがいして、やっと女の子が生まれました。

　㋐その子はせい長して、とても美《うつく》しいむすめになりました。ふうふは、〈うちのむすめは日本一なのだから、おむこさんも日本一でなくては。〉と思いました。

　そこで、この世《よ》の中で一番えらいのは、いつも世界《せかい》中を明るくてらすお日様だと考

(1) ㋐その子は、ふうふにとってどんなむすめでしたか。二つに分けて書きましょう。

・（　　　　）におねがいして、やっと生まれた。

・とても（　　　　）、（　　　　）のむすめ。

(2) ねずみのふうふは、何をさがしていましたか。

むすめの［　　　　］

え、たのみに行くことにしました。

「お日様、あなたはこの世で一番えらいお方です。わたしのむすめとけっこんしてください。」

するとお日様は、にっこりして言いました。

「ありがたいが、わたしよりもっとえらいものがいるよ。」

「それはどなたですか？」

「それは□さ。わたしがいくら空でみんなをてらしても、□が出てくるとかくれてしまうからね。」

「なるほど。」

ふうふは、今度《こんど》は□のところへ行きました。

(3) ねずみのふうふは、(2)をさがすために、まずだれのところへ行きましたか。

（　　）

(4) なぜ(3)のところへ行ったのですか。

（　　）

(5) 文中の□には、同じ言葉《ことば》が入ります。考えて書きましょう。

（　　）

わらしべ長者

名前

月　日

次《つぎ》の文章《ぶんしょう》を読んで、後の問《と》いに答えましょう。

あらすじ

びんぼうで運《うん》もない男が、何とかしたいと観音様《かんのんさま》におねがいした。すると、「ここを出て、はじめに手にふれたものを大事《だいじ》に持《も》っておきなさい」というおつげを受《う》けた。

男はわらしべ（わらのくず）を手にして旅《たび》に出た。そして行く先々《さきざき》でこまっている人たちに「交かんしてくれ」と言われ、わらしべがみかんとなり、みかんがぬのとなり、ぬのが馬となり……と次々《つぎつぎ》に交かんしてきた。

馬に乗《の》って出かけると、そばの家で何やら旅のじゅんびをしているのが見えました。男は、〈旅に出るなら馬がひつようだろう。わたしもこのまま乗っていて、ぬすんだ馬だと思われたらたいへんだ。ここらで売って行こう〉と思いました。

(1) 何と何を交かんしましたか。あげたものを、それぞれ書きましょう。

① 男（　　　）

② 家の人（　　　）（　　　）

(2) 男は、田をどのように使いましたか。

（　　　）

「もしもしすみません、安《やす》くしますから、
この馬を買ってください。」

[㋐]、家の人たちは、馬を気に入り、

「なんと上等《じょうとう》な馬だ。でも、お金はないから、田んぼとお米と取《と》りかえっこしましょう。当分遠くに行ってくらすので、この家もえんりょなく使《つか》ってください。」

と言って、家まであずけて旅立ちました。

そうして、びんぼうだった男は、家も田も食りょうも手に入れました。そのうちに半分の田は人にかし、のこりは自分で米作りをしました。米はとてもよく実《みの》り、大金持ちになりました。[㋑]、すてきなおよめさんをもらい、子やまごにめぐまれ幸《しあわ》せな一生を送《おく》りました。

[㋒]、一本のわらがたくさんの福運《ふくうん》をかきよせてくれたのでありました。(Ⓐ：一本のわらがたくさんの福運)

(3) ㋐～㋒にあてはまる言葉《ことば》を[ ]からえらんで書きましょう。

㋐（　　）　㋑（　　）

㋒（　　）

[そして　　すると　　こうして]

(4) Ⓐについて、（　）にあてはまる言葉を[ ]からえらんで書きましょう。

一本の（　　）から始《はじ》まり、
道行く人と（　　）していくと、
さいごには（　　）をもらって
（　　）もできた。

[交かん　　およめさん　　子やまご　　わらしべ]

かきの見はり

名前

月　日

次《つぎ》の文章《ぶんしょう》を読んで、後の問《と》いに答えましょう。


ある秋のことです。※とんちのはたらく吉四六《きっちょむ》さんが、るす番をすることになりました。出かける前にお父さんが言いました。

「吉四六や、かきがもう食べごろだ。明日とるから、気をつけて見ていておくれ。」

「はい。ちゃんと見ておきます。」

吉四六さんは、元気に返事《へんじ》をしました。

　㋐　、おいしそうなかきがあるのに、だまって見ている吉四六さんではありません。近所《きんじょ》の友だちに「食べにおいで」と言い回り、みんなで食べてしまったのです。そうして、かきはほとんどなくなって

(1) ㋐、㋑にあてはまる言葉《ことば》を□からえらんで書きましょう。

㋐（　　　）

㋑（　　　）

だから　　すると　　しかし

(2) かきはなぜほとんどなくなってしまったのですか。

吉四六さんが（　　　）を集《あつ》めて、みんなで（　　　）から。

しまいました。

さて、お父さんが帰ってくると、吉四六さんはかきの木の下にすわっていました。

「お前、一日中そうやっていたのか？」

「はい。気をつけてかきの木を見ていました。」

Ⓐ「そうか。えらいぞ。」

感心《かんしん》したお父さんがかきの木を見上げると、かきの実《み》はほとんどありません。

「これは、どうしたことだ。」

［イ］、吉四六さんは、Ⓑ平気《へいき》な顔で言いました。

「はい、村の子どもたちが次々《つぎつぎ》と来て、かきの実をもいでいきました。わたしが気をつけて見ていたからまちがいありません。」

※とんち……そのときそのときではたらくちえのこと。

(3) お父さんがⒶと言ったのはなぜですか。正しいものに○をつけましょう。

ア （　） しっかりるす番をしていたのだなと思ったから。
イ （　） 近所の子どもたちにかきの実を食べさせてあげて、やさしいなと思ったから。
ウ （　） かきの実を食べた子どもたちにきちんと注意《ちゅうい》したと思ったから。

(4) Ⓑから、吉四六さんのどんなようすがわかりますか。正しいものに○をつけましょう。

ア （　） あせっているようす
イ （　） どうどうとしているようす
ウ （　） ほっとしているようす

つぼ算用

名前

月　日

次《つぎ》の文章《ぶんしょう》を読んで、後の問《と》いに答えましょう。


昔《むかし》、吉四六《きっちょむ》さんがうめぼし用のつぼと水がめを※1せと物屋《ものや》に買いに行ったそうな。

「ごめんください。つぼを一つおくれ。」

「へいへい、ご自由《じゆう》に見てくださいな。」

店先のつぼはというと、みんな底《そこ》を上にしてならべてある。

「どれもこれも口が開《あ》いていない。これじゃうめぼし一つも入れられない。」

そして、ひっくり返《かえ》してみて、またおどろいた。

「こりゃ、口がないばかりか底がぬけているぞ。こんなの、使《つか》えやしない。」

つぼをあきらめて水がめを見ると、大き

(1) 吉四六さんは、何と何を買いに行きましたか。

（　　　　）と（　　　　）

(2) 吉四六さんはつぼを見て、どんなかんちがいをしましたか。

店のつぼは、（　　　）が開いておらず、（　　　）がぬけている。

(3) 店のつぼは、どのようにおいてありましたか。□に絵で表《あらわ》しましょう。

いのは二十文※2《もん》、小さいのは十文。十文の方を買って帰ったが、およめさんにもっと大きいのを買ってくるようにしかられた。

そうして、てくてく店にもどって店の人に小さな水がめをわたし、こう言った。

「前に十文あげたな。」

「へい。」

Ⓐ「今また十文のつぼを返したから、この二十文の大きな水がめをもらってくよ。」

「へい……？」

そして吉四六さんは、大きな水がめを持《も》って、とことこ帰っていった。

「へい……まいど……あり？」

店の人は、その後ろすがたを見ながら、首をかしげていたそうな。

※1　せと物屋……つぼや食きなどのやき物を売っているお店。
※2　文……昔のお金のたんい。

(4)　ふたたび店に行った吉四六さんですが、もうけたのはどちらですか。○をつけましょう。

㋐（　）吉四六さん
㋑（　）店の人

(5)　Ⓐの考えをせつ明しましょう。

本当は、あと（　　）文《もん》はらわないといけないのに、返したつぼとあわせて（　　）文はらったことにして、大きな（　　）をもらっていった。

よくばりな犬

名前　月　日

次《つぎ》の文章《ぶんしょう》を読んで、後の問《と》いに答えましょう。

ある日、大きな肉をくわえた犬が、きげんよさそうに橋《はし》をわたっていきました。

この犬は力が強く、さっきもほかの犬から肉をうばい取《と》ったばかりでした。

橋の中ほどまでやって来たとき、橋の下に流《なが》れる川の水面《すいめん》に、肉をくわえた犬がいるのに気がつきました。

そこで犬は、〈川の中にも自分と同じ肉をくわえた犬がいるぞ。［Ⓐ］、あの肉の方が大きくてうまそうだ。そうだ、あいつをおどかして、あの肉もうばってやろう。〉と思いました。

(1) Ⓐ～Ⓒにあてはまる言葉《ことば》を［　］からえらんで書きましょう。

しかも　ところが　そして

Ⓐ（　　）　Ⓑ（　　）

Ⓒ（　　）

(2) この犬はどんな犬ですか。正しい方に○をつけましょう。

㋐（　）やさしくて、ほかの犬のことも思いやることができる。

㋑（　）いばっていて、力でほかの犬をおさえつけようとする。

Ⓑ、川の中の犬に向《む》かって、思い切りいばった声で、

「ウウウッ、ワンワン！」

とほえたてました。

Ⓒ、Ⓓそのしゅん間、自分がくわえていた肉が、あっという間に川の中に落《お》ちてしまいました。

そして、大きな肉をくわえていると思った犬も、波《なみ》といっしょにどこかへ消《き》えていってしまいました。

「ああ、どうなったんだ、おれの肉は！」

川の中の犬は、自分自身《じしん》だったのです。

犬はよくばったばかりに、持《も》っていた肉もなくしてしまいました。

(3) Ⓓは、何をしたしゅん間のことですか。

[　　　　　]に向かって、[　　　　　]しゅん間。

(4) このお話からわかることとして、あてはまらないものに○をつけましょう。

㋐（　）よくばるとかえってそんをする。

㋑（　）ほかの人のものはよく見えるので、ほしいときはおねがいする。

㋒（　）自分がえらいと思いこんで、いばったり人のものをうばおうとしたりしてはいけない。

読解習熟プリント　小学3年生

2021年 3 月20日　発行

著　者　小山　修治郎

発行者　面屋　洋

企　画　フォーラム・A

発行所　清 風 堂 書 店

〒530-0057　大阪市北区曽根崎 2 -11-16

TEL 06-6316-1460 ／ FAX 06-6365-5607

振 替　00920-6-119910

制作編集担当　青木　圭子　☆☆

表紙デザイン　ウエナカデザイン事務所　1122

読解3年生 習熟プリント

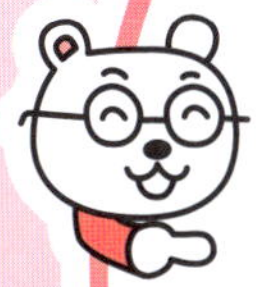

答え

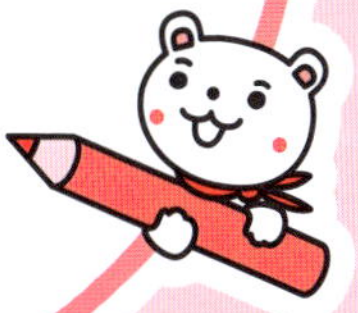

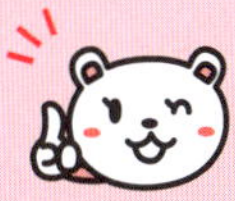

ワンポイントアドバイスつき！

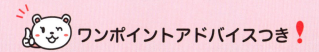

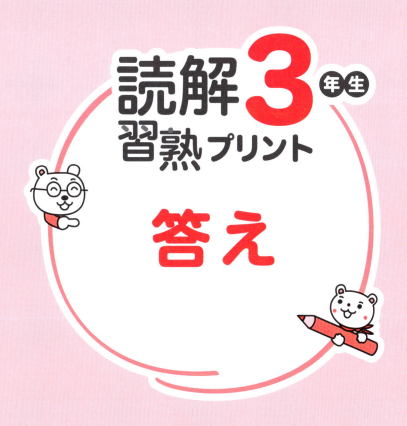

主語・じゅつ語 チェック 〔P6-7〕

1
(1) チーター
(2) 軽い
(3) 体のつくり

2
(1) まだ食べられる食べ物
(2) べんとうやおかず
(3) 買いだめしておいた食りょう

主語・じゅつ語 ワーク 〔P8-9〕

1
① ゆめさんは 一りん車で 遊ぶ。
② かずきさんは 図かんで 調べる。
③ 真っ赤な 夕日が しずむ。
④ ぼくは サッカーの 練習を する。

2
① アリは とても 小さい。
② 父は 学校の 先生です。
③ 公園の 池には コイが たくさん いる。
④ 明日の きゅう食は カレーライスだ。

主語・じゅつ語 おさらい 〔P10-11〕

(1) (主語) クモは　(じゅつ語) とらえます
(2) 中心から外に向けて出ている……たて糸
うずまきじょう…………横糸
(3) ねばねばしたえき体
(4) 動けなくなる
(5) 体の表面やあしから油のようなものを出すことで、ねばねばしたえき体にくっつかないようになっているからです。

しゅうしょく語「何を」 チェック 〔P12-13〕

1
(1) 鳴き声
(2) メス
(3) ライバルに負けない大きな声で鳴いて、子そんをのこせるようにするため。

2
(1) さまざまな味のラーメン店
(2) 中国にあっためんりょう理
(3) (日本の文化である) だし

※(3)はじゅん番がかわっても正かいです。

しゅうしょく語「何を」 ワーク 〔P14-15〕

1

① タコはエビを食べる。
② プロ野球チームはゆうしょうを目指している。
③ ぼくはなみだを流す。
④ 魚りょう理はほねを強くする。

2

① 犬が　えさを　食べる。
② アナウンサーが　メモを　読む。
③ 鳥たちが　南の　山を　目指す。
④ わたしは　毎日　家で　音読を　します。
⑤ ぼくは　きのう　おすしを　おなかいっぱい　食べた。

しゅうしょく語「何を」 おさらい 〔P16-17〕

1

(1) おぼん
(2) ご先ぞ様のたましい
(3) ・お寺に行く。
・みんなで食事をする。
・みんなでおしばいをみる。
(4) ハロウィーン
(5) かそうをする。／町中をねり歩く。／おかしをもらう。
(6) どちらもご先ぞ様をおむかえする行事です。

しゅうしょく語「いつ」「だれと」「どこで」「どんな」 チェック 〔P18-19〕

1

(1) おすし
(2) （主語）　おすしは
（じゅつ語）食べ物です
(3) すっぱいもの

2

(1) ① 二人
② 大きな家の庭
③ 遊んでいた
(2) 家のどこかのざしきで、ざわっざわっとほうきの音がした。

しゅうしょく語「いつ」「だれと」「どこで」「どんな」 ワーク 〔P20-21〕

1

(1) ① 池には　たくさんの　メダカが　いる。
② お出かけで　よそいきの　ワンピースを　着る。
③ 野球の　しあいで　わくわくする。
④ おいしそうな　ナスが　たくさん　とれた。

2

① ㋐ きのう　㋑ 自転車で　㋒ 公園に
② ㋐ 五時間目　㋑ 学校園に　㋒ 虫をさがしに（行った）
③ ㋐ 昼休みに　㋑ みきさんたちと　㋒ おにごっこを

しゅうしょく語 「いつ」「だれと」「どこで」「どんな」 おさらい 〔P22-23〕

1

(1) 秋の木々や草花

(2) 田の上をひんやりとした秋風がふきわたり、いなほがサワサワとゆれている。

(3) はらはらとちる。

(4) (主語) 山一面が
(じゅつ語) そまります
(しゅうしょく語) 真っ赤に

(5) 秋晴れのすきとおった青空のとき。

しゅうしょく語 「気持ち」や「ようす」を表す言葉 チェック 〔P24-25〕

1

(1) わくわく

(2) ドキドキ

(3) そっと

2

(1) ザアーッ

(2) ・ブルブルとふるえている。
・「キューン」と鳴く。

(3) ① ゴーゴー
② ゆさゆさ

しゅうしょく語 「気持ち」や「ようす」を表す言葉 ワーク 〔P26-27〕

1

① たくさんの
② 有名な
③ かわいい
④ ふたごの
⑤ ふわふわの

2

① そよそよ
② とつぜん
③ ゆっくりと
④ ぐっと
⑤ あっという間に

3

① サクラの花びらが、ひらひらとちる。
② おにぎりを見て、おなかがグウと鳴る。
③ すずしくさわやかな風が入ってきた。
④ 秋の虫がにぎやかに鳴いている。

しゅうしょく語 「気持ち」や「ようす」を表す言葉 おさらい 〔P28-29〕

(1) おならの音は、なぜ出るたびにちがうのか。
(2) ブオーと大きな音で出たり、プスーと小さな音で出たりする。
(3) ほとんどは、口から飲みこんだ空気。
(4) （主語）おならは　（じゅつ語）出るそうだ
(5) よくかんで、ゆっくり食べる

「食べ方」を聞かれているね。

文の組み立て チェック 〔P30-31〕

1
㋐ グミは ― おかしです。
㋑ 名前は ― 名づけられました。
㋒ グミは ― よいのです。

2
㋐ おじいさんは ― 行きました。（しばかりに → 行きました）
㋑ おじいさんは ― すわりました。（少し → つかれた → おじいさんは／切りかぶに → すわりました）
㋒ おむすびは ― 落ちてしまいました。（あなの中に → 落ちてしまいました）

文の組み立て ワーク 〔P32-33〕

1
① 夏は ― 暑い。
② たて物は ― 図書館だ。
③ カメが ― いる。

2
① 犬が ― かけまわる。（大きな → 犬が／野原を → かけまわる）
② ゆかさんは ― 行く。（今 → 話題の → えいがに → 行く）

文の組み立て おさらい 〔P34-35〕

(1) ① ゴーシュ
② たぬきの子が、セロのコマの下のところをぼうでたたくようす。
(2) ① しばらく首を曲げて考えました
② ㋒
(3) その糸は、どんなに手早くひいても、すこしたってからでないと音が出ないような気がゆうべからしていたから。

やっと考えついたというように言ったのは、たぬきの子だね。

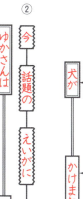

こそあど言葉 ① チェック 〔P36-37〕

1

(1) きのう、公園へ行ったときの話。

(2) ウ

(3) あと少しでぬかせそう

2

(1) 村の中ほどに住む、年よりのくつ屋のおかみさん。

(2) 小さなくつ

(3) カレン

こそあど言葉 ① ワーク 〔P38-39〕

① あれが地球だよ。

② それは何の本かな。

③ これは夕食のおかずです。

④ どれがさなぎですか。

⑤ リレーでこけた。こんなはずではなかった。

⑥ あの鳥はコウノトリだ。

こそあど言葉 ① おさらい 〔P40-41〕

1

(1) コウノトリがふたたび野生に生き返りつつあること。

(2) 日本全国の田んぼや川。

(3) コウノトリ

(4) ・コウノトリがたまごをうむためのす作りなどの手助け。
・農薬を使わない米作り。

(5) 小魚、カエル、バッタ

※(5)はじゅん番がかわっても正かいです。

こそあど言葉 ② チェック 〔P42-43〕

1

(1) 動物を食べる植物

(2) ハエ、か、カエル

(3) 虫などをつかまえるふくろ

※(2)はじゅん番がかわっても正かいです。

2

(1) 年神様

(2) 家族を見守る神様

(3) かがみもち

こそあど言葉 ② ワーク 〔P44-45〕

1

① 方向を指ししめすとき
② 場所を指ししめすとき
③ ようすを指ししめすとき
④ ものごとを指ししめすとき

2

① 茶色いマンション
② レタス、はくさい、こまつな
③ ショッピングモール
④ くまのぬいぐるみ
⑤ どしゃぶり

こそあど言葉 ② おさらい 〔P46-47〕

(1) 七さいと五さいと三さい
(2) ・これまで育ったことへの感しゃ。
・これからも元気にせい長しますように、というねがい。
(3) 三さいは男の子と女の子、五さいは男の子、七さいは女の子のおいわいをすること。
(4) 五さいの男の子は「ハカマギ」、七さいの女の子は「オビトキ」という、着物を着る行事
(5) ちとせあめ
※ (1)はじゅん番がかわっても正かいです。

つなぎ言葉 ① チェック 〔P48-49〕

1

(1) ㋐ また　㋑ でも　㋒ だから
(2) いたずらずきなところ。

2

(1) 花のみつ
(2) 虫や鳥に花ふんを運んでもらうことで、数をふやす。 ※
(3) ㋐ しかし　㋑ だから
※ (2)はじゅん番がかわっても正かいです。

つなぎ言葉 ① ワーク 〔P50-51〕

1

① けれど
② だから
③ そのうえ

2

① だから・㋐
② しかし・㋑
③ ところが・㋑
④ したがって・㋐
⑤ だから・㋐

つなぎ言葉 ① おさらい 〔P52-53〕

1
(1) ㋐ そして ㋑ だから
(2) 皮まくをいっぱいに広げて、風に乗って、まるでグライダーのようにとぶ。
(3) ・とぶときのかじとり
・雨の日のかさの代わり
・寒い日のふとんの代わり
(4) 木の下にはてきがたくさんいるから。
(5) ㋑

早朝とは、朝早い時間のことだよ。

つなぎ言葉 ② チェック 〔P54-55〕

1
(1) ㋐ ところが ㋑ そこで
(2) カレーライスはねだんが高かったので、ごはんにソースをかけて食べるようになった。

2
(1) ㋐ たとえば ㋑ そして ㋒ すると
(2) そのまま

つなぎ言葉 ② ワーク 〔P56-57〕

1
① しかし ② そのうえ ③ つまり

2
① まどを開けると、風が入ってきた。
② おにごっこをしたから、おなかがすいた。
③ 図書館で本をかりたが、まだ読んでいない。

つなぎ言葉 ② おさらい 〔P58-59〕

(1) ヒトと同じように道具を使う、とてもかしこい動物。
(2) ㋐ それから ㋑ 一方
(3) Ⓐ が Ⓑ ので
(4) チンパンジーの赤ちゃんは、ずっとだっこされているが、ヒトの赤ちゃんはベッドであお向けになってねている時間が長い。

一文を二文に分ける チェック 〔P60-61〕

1
(1) 秋は空が青くすみわたります。月が大きく、はっきりと見えます。
(2) だから

2
(1) おじょうちゃんの赤いリボン
(2) そして

一文を二文に分ける　ワーク　〔P62-63〕

① 姉はとてもやさしい。
だから、みんな姉のことが大すきだ。

② ぼくは消ぼうしになりたい。
なぜなら、人の命をすくいたいからだ。

③ ゆいかさんはコンクールで金しょうをとるほど絵が上手だ。
そのうえ、ドッジボールもクラスで一番強い。

一文を二文に分ける　おさらい　〔P64-65〕

(1) 三本の角をもつ、有名な植物食きょうりゅうです。

(2) ① 角は

② 角は、肉食きょうりゅうにおそわれたときのぶきになります。
それだけでなく、オスどうしの力くらべにも使われました。

(3) 角とえりかざり

※ (2)の②の文のさいごは、「なる」や「なりました」でも正かいです。

一文をまとめる　チェック　〔P66-67〕

1
(1) みそは、さまざまなりょう理に使われます。
(2) みそ玉にこうじきんをつけて、たるに入れてねかせる。

2
(1) （主語）わたしたちは　（じゅつ語）食べたくなります
(2) ① ハンバーガー、たこやき
② やきいも、そば、すし、天ぷら

※ (2)はじゅん番がかわっても正かいです。

一文をまとめる　ワーク　〔P68-69〕

① ぼくは　やき肉を　食べました。
② 犬が　昼ねを　している。
③ わたしは　ゆうきさんと　遊びました。

一文をまとめる おさらい 〔P70-71〕

(1) 畑の肉

(2) 大豆はえいようのある植物です。

(3) えだ豆、なっとう

(4) とうふは、日本の食たくに、よく登場します。

(5) えんの下の力持ち

※ (3)はじゅん番がかわっても正かいです。

だん落をまとめる チェック 〔P72-73〕

1

(1) アゲハチョウが身を守るためのひみつ。

(2) さなぎで冬をこすときは、茶色になる。

2

(1) なぜ節《せつ》分の日に豆まきをするのか。

(2) ①

(3) ・おにを追いはらう。
・けんこうで幸せにすごせるようにねがう。

だん落をまとめる ワーク 〔P74-75〕

(1) ②

(2) クマが人間のそばまで出てくるのは、森の木を切ってクマのすむ場所がせまくなったことと、エサが少なくなったことが理由だと言われています。

だん落をまとめる おさらい 〔P76-77〕

(1) 空になったペットボトルについて

(2) ①

(3) ・ペットボトルはプラスチックのなかまだ。
・もう一度いろいろなせい品に形をかえることができる。

(4) 文ぼう具、服、かさ、カーペット

(5) たくさんのペットボトルがリサイクルされていくとよい。

※ (4)はじゅん番がかわっても正かいです。

ナマケモノはなまけもの？〔P78-79〕

(1) あたりを見回す。
(エサである) 葉っぱを食べる。

(2) ㋐ それは　㋑ だから　㋒ つまり

(3) 葉っぱはカロリーがひくいため、エネルギーにかえにくいから。

(4) 木登り

(5) 少ないエサで活動をほとんどしない、ムダのない生活。

※(1)はじゅん番がかわっても正かいです。

理由を聞かれているから、「～から。」と答えているよ。

もうどう犬になるまで〔P80-81〕

(1) ㋐、㋒

(2) パピーウォーカーとよばれるボランティアのかい主。

(3) まず人間のしじにしたがうくん練をし、その後安全に歩くためのくん練をする。

(4) 人生をともに歩むパートナー

ミツバチのダンス〔P82-83〕

(1) 目、しょっ角

(2) 丸めて花ふんだんごにし、後ろあしの毛につける。

(3) ・円をえがく……花畑が近い
・8の字をえがく……花畑が遠い

(4) ㋐ ○　㋑ ×　㋒ ○

※(1)はじゅん番がかわっても正かいです。

パンジーのちえ〔P84-85〕

(1) 花の後ろの、つつのような部分

(2) みつがおくの方にあるため。

(3) ㋐ た　㋑ た　㋒ は

(4) ㋑

(5) なかまをふやすため。

「何のために」と理由を聞かれているから、「～ため。」と答えているよ。

おせち〔P86-87〕

(1) ① ㋒
② ㋑
③ ㋐

(2) 正月の三日間は「かまどの神様」にも休んでいただくため。

(3) ㋑

理由を聞かれているから、「～ため。」と答えているよ。

カレーライス〔P88-89〕

(1) 日本人が大すきなカレーライスは、どのようにしてできたのでしょうか。

(2) インド

(3) ・チーズや魚などの具も入れること。

・スパイスで味つけすること。

・サラサラした食感。

(4) おいしくてえいようもあり、一度にたくさん作ることができて、後かたづけが楽だから。

(5) 固《こ》形のルー、レトルトカレー

※ (5)はじゅん番がかわっても正かいです。

甑岩のたたり〔P90-91〕

(1) ① 大阪城の石がきに使うために、との様が岩を切り出すように命れいした。

② しょく人が作業を始めると、岩からけむりがふき出した。

③ けむりをあびたしょく人たちは手足をふるわせて苦しみ、岩から転がり落ちてなくなった。

(2) Ⓐ ところが　Ⓑ そして

(3) ㋒

どうして虫歯になるの？〔P92-93〕

(1) では、なぜ虫歯になるのでしょうか。

(2) 口の中には、虫歯きんがいて、食べたものから歯をとかすものを作り出すから。

(3) おかし、ジュース、パン、イモ、豆

(4) 虫歯にならないこと。

(5) 食べた後はしっかり歯をみがく。

※ (3)はじゅん番がかわっても正かいです。

えい語？日本語？〔P94-95〕

(1) ㋑

(2) 会社のせい品の名前がそのまま使われている場合。

(3) ① アメリカ　② 日本　③ アメリカ

(4) 外国のものを取り入れて、日本風にすること。

「どんなこと」と聞かれているから、「～こと。」と答えているよ。

※ 「セロテープ」は、ニチバンの登録商標です。

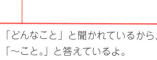

テッポウウオのエサとり〔P96-97〕

(1) ②

(2) テッポウウオは、虫を水でっぽうをうつようにうち落とす。

(3) エサ

(4) ㋒

(5) 〈れい〉こんなごちそうを食べられるなんて、まるでゆめのようだ。

「まるで〜のようだ」というように、にているものをたとえるときに使うよ。

自ぜんにとけこむこん虫たち〔P98-99〕

(1) こん虫の体の色や形は、なぜすむ場所の色やもようとにているのか。 ※

(2) ① 緑色 ② まわりの石や土によくにた色

(3) ㋐ たとえば ㋑ だから ㋒ しかし

(4) ① てきに気づかれないようにするため。 ② エサをつかまえ（やすくす）るため。

(5) ①

※(1)はじゅん番がかわっても正かいです。

①のだん落で、「それはなぜでしょうか。」と問いかけているね。

二ひきのかえる〔P100-101〕

(1) 春がめぐってきたこと。

(2) ① 黄色のかえる ② ㋐

(3) 池には、新しくわき出てラムネのようにすがすがしい水がいっぱいにたたえられてありました。

(4) 〈れい〉起きてすぐ朝日をあびると、すがすがしい気持ちになる。

「すがすがしい」は、さわやかで気持ちがいいという意味があるよ。

去年の木 ①〔P102-103〕

(1) 小鳥は一日、その木のえだで歌を歌い、木は一日中、小鳥の歌をきいていました。

(2) 寒い冬が近づいてきたから。

(3) 南の方

(4) 野や森から、雪がきえていきました。

(5) きこりがおのでうちたおして、谷の方へ持っていってしまったから。

(6) 根っこ

理由を聞かれているから、「〜から。」と答えているよ。

去年の木 ②〔P104-105〕

(1) ① 谷の工場に運ばれた。

② 細かくきざまれて、マッチになった。

③ 村でランプをともす火になった。

(2) 女の子

(3) なかよしの木

(4) 〈れい〉去年の木が火になったね。なかよしの木にまた会えてよかったね。

赤いろうそくと人魚〔P106-107〕

(1) びっくりするような美しさのむすめだったから。

(2) 内気ではずかしがりやだから。

(3) ㋐

(4) ① むすめが白いろうそくにかいた絵。

② だれでもろうそくがほしくなるような、ふしぎな力と美しさがこもっていたから。

理由を聞かれているから、「〜から。」と答えているよ。

八人の真ん中〔P108-109〕

(1) 今度たんじょういわいをするから、きっかり八人で来るように。

(2) おとの様

(3) ㋑

(4) 〈れい〉

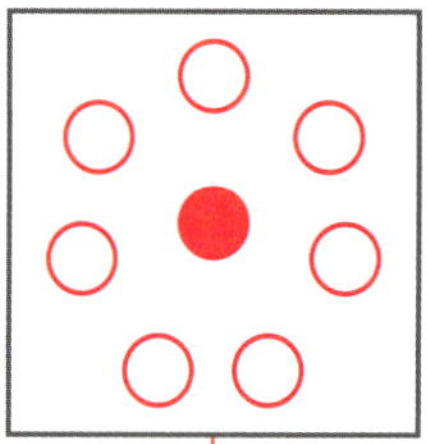

彦一を真ん中にして、かこむようにまるくすわったんだね。

手ぶくろを買いに〔P110-111〕

(1) 森のほらあなの中

(2) ① 子どものきつね

② 目に何かささったと思ったから。

(3) どっさりとつもった雪の上からお日様がキラキラとてらしていた。

(4) ㋑

(5) 子どものきつねが、雪の反しゃを受けたこと。

手ぶくろを買いに ② 〔P112-113〕

(1) ㋐

(2) ① 光がまばゆかったので、面くらったから。

② お母さん

(3) ① ぼうし屋さん

② きつねが手を出して手ぶくろがほしいと言ったから。

(4) 木の葉

理由を聞かれているから、「〜から。」と答えているよ。

青葉の下 〔P114-115〕

(1) 花がさいて、遠くから見るとかすみのかかったようになる。

(2) 自動車が通るために、道を広げることになったから。

(3) ① おばあさん

② 茶屋で休んでいた村の人たち

③ 賢吉《けんきち》、とし子、正二などの子どもたち

④ 子どもたちの親たち

(4) あのさくらの木を切ってはかわいそうだ。春になっても花が見られないし、夏になってもセミがとれないものなあ！

(5) ㋒

※ (3)の③はじゅん番がかわっても正かいです。

子どものすきな神さま 〔P116-117〕

(1) （すきな）子どもたちと遊んでいた。

(2) ㋐ けれど ㋑ すると

(3) 雪に顔をおしあてて、顔のあとをうつした。

(4) 子どもたちは十三人なのに、顔のあとは十四あったこと。

(5) 神さま

ねずみのよめ入り 〔P118-119〕

(1) ・神様におねがいして、やっと生まれた。

・とても美しい、日本一のむすめ。

(2) むすめのおむこさん

(3) お日様

(4) この世で一番えらいのは、いつも世界中を明るくてらすお日様だと考えたから。

(5) 雲

理由を聞かれているから、「〜から。」と答えているよ。

わらしべ長者〔P120-121〕

(1) ① 馬　② 田んぼ、お米、家

(2) 半分の田は人にかし、のこりは自分で米作りをした。

(3) ㋐ すると　㋑ そして　㋒ こうして

(4) 一本のわらしべから始まり、道行く人と交かんしていくと、さいごにはおよめさんをもらって子やまごもできた。

※ (1)の②はじゅん番がかわっても正かいです。

かきの見はり〔P122-123〕

(1) ㋐ しかし　㋑ すると

(2) 吉四六さんが近所の友だちを集めて、みんなで食べ（てしまっ）たから。

(3) ㋐

(4) ㋑

つぼ算用〔P124-125〕

(1) （うめぼし用の）つぼと水がめ

(2) 店のつぼは、口が開いておらず、底《そこ》がぬけている。

(3) 〈れい〉

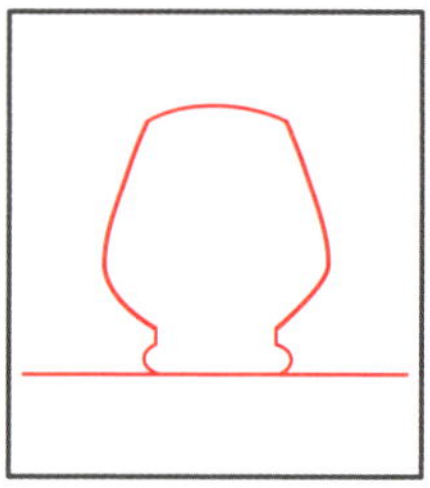

(4) ㋐

(5) 本当は、あと十文はらわないといけないのに、返したつぼとあわせて二十文はらったことにして、大きな水がめをもらっていった。

※ (1)はじゅん番がかわっても正かいです。

よくばりな犬〔P126-127〕

(1) Ⓐ しかも　Ⓑ そして　Ⓒ ところが

(2) ㋑

(3) 川の中の犬に向かって、ほえたてたしゅん間。

(4) ㋑

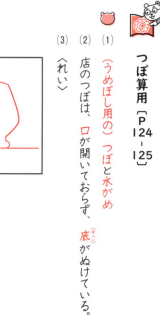